JUAN BAUTISTA BENLLOCH Y VIVÓ

CARDENAL ARZOBISPO DE BURGOS
UN VALENCIANO UNIVERSAL

ExLibric

ALICIA GINER CASINO

JUAN BAUTISTA BENLLOCH Y VIVÓ

CARDENAL ARZOBISPO DE BURGOS
UN VALENCIANO UNIVERSAL

EXLIBRIC

ANTEQUERA 2024

JUAN BAUTISTA BENLLOCH Y VIVÓ, CARDENAL ARZOBISPO DE BURGOS, UN VALENCIANO UNIVERSAL
© Alicia Giner Casino
Diseño de portada: Dpto. de Diseño Gráfico Exlibric

Iª edición

© ExLibric, 2024.

Editado por: ExLibric
c/ Cueva de Viera, 2, Local 3
Centro Negocios CADI
29200 Antequera (Málaga)
Teléfono: 952 70 60 04
Fax: 952 84 55 03
Correo electrónico: exlibric@exlibric.com
Internet: www.exlibric.com

ISBN: 979-13-87528-11-9
Depósito Legal: MA 2684-2024

Impresión: PODiPrint
Impreso en Andalucía – España

Nota de la editorial: ExLibric pertenece a Innovación y Cualificación S. L.

ALICIA GINER CASINO

JUAN BAUTISTA BENLLOCH Y VIVÓ

CARDENAL ARZOBISPO DE BURGOS
UN VALENCIANO UNIVERSAL

Presentación

Durante muchos años he pasado con respeto sobre la tumba del Cardenal Benlloch en la Real Basílica de Nuestra Señora de los Desamparados de Valencia. Me intrigaba la primera frase de la inscripción en letras doradas incrustadas en el mármol blanco de la losa sepulcral. Estaban en primera persona y decían: *«Sub umbra illius quam desideravi»*. Continuaba confesando, citando a Job 19, 25-26. Traducimos: «Yo sé que mi Redentor vive, y que en el último día me levantaré y en mi carne veré a Dios mi Salvador».

«A la sombra de aquella a quien añoraba», la Madre siempre presente en su corazón, de la que tuvo que alejarse para servir a la Iglesia en otros lugares y a la que volvía a visitar siempre que podía.

Una vida colmada de actividad, un temperamento apasionado se condensan en una expresión de amor.

Juan Bautista Benlloch y Vivó murió cuando se podía esperar de él una madurez fecunda y honrosa. Quizás lo mejor de sí mismo lo vivió cuando fue obispo de la Seu d'Urgell y copríncipe de Andorra, teniendo a la vez las responsabilidades espiritual y pública; allí permanece viva su memoria. Cosa que no ocurre como se debiera en su amada Valencia, donde la mayoría solo lo menciona al referirse a una importante avenida que le está dedicada.

Por lo cual, hemos de agradecer a la autora de este libro que lo dé a conocer, tanto su personalidad como sus obras. Lo hace hablándonos en primera persona, informándonos de todo con objetividad, pero siempre desde una actitud subjetiva, con el afecto de sentirse orgullosa de su antepasado.

El cardenal Benlloch fue un hombre de Dios para la Iglesia universal, un español que ejercía como tal y un valenciano que siempre retornaba a sus raíces.

Gracias, Alicia.

Jaime Sancho Andreu

Biografía

Alicia Giner Casino nació en Valencia el día 17 de agosto de 1973. Estudió Leyes en la Universidad de Valencia, y piano clásico en el Conservatorio José Iturbi de esta ciudad. Ha estado tradicionalmente vinculada al mundo de la tinta impresa, pues su progenitor, D. Vicente Giner Vivó, fue durante tres décadas jefe de rotativas del diario *Las Provincias,* Diario Decano de la Región Valenciana, medio en el cual estuvo trabajando durante algún tiempo.

Su iniciación en el mundo literario se produjo con la publicación en medios digitales de diferentes artículos y colaboraciones de carácter costumbrista, estrechamente relacionados con la huerta y el secano valencianos, por lo que se le ha llegado a describir como «una mujer con la tierra en las venas». Algo hay de cierto en ello, pues sus antepasados fueron propietarios del Huerto de Vivó, uno de los más importantes de floricultura en Valencia. De hecho, introdujeron en España la planta y la flor de la cala.

Tras la publicación de su primera novela, *Daniel, un manuscrito enterrado en el tiempo* (2018), obra escrita conjuntamente con el autor D. Lorenzo García Novales, y el desarrollo de su trilogía taurina, *Entre flores, sangre y arena* (2019), *El toro bravo, savia del árbol de España* (2022) y *José Luis Osborne Vázquez, orgullo en el alma* (2023), la autora se adentra en la biografía del Cardenal Juan Bautista Benlloch y Vivó —también vinculado familiarmente al huerto—, personaje relevante en una España a caballo entre los siglos XIX y XX y, sin embargo, desconocido para el gran público.

Dedicatoria

A la memoria del Cardenal Juan Bautista Benlloch y Vivó, con un firme deseo, dar a conocer al mundo su obra y entrega.

Unas palabras de la autora

En primer lugar, mis palabras son Turia pleno de un caudal de cariño tan intenso como entrañable, además de agradecimiento hacia mi Padre Espiritual. Canónigo emérito de la Catedral de Valencia, director de patrimonio artístico de la seo valentina, D. Jaime Sancho Andreu es un sacerdote que ha ostentado cargos diferentes, en lugares distintos, y todos los ha desarrollado con celo, deseando firmemente expandir la palabra de Cristo.

Dios me hizo el regalo de ponerlo en mi camino, incluso antes de que yo naciera. Fue cura del pueblo donde nació mi madre. Cuando lo conocí, era celador del culto del Santo Cáliz. En esos momentos yo contaba tan solo con diecinueve años de edad. Jamás me negó una explicación, sació mis curiosidades, y no tuvo pena alguna en ofrecerme libros que solventaran mis dudas, aun sabiendo *a priori* que esas letras lo envolverían en una cascada de preguntas, siempre solventadas por él.

Después fue nombrado rector de la Real Basílica de la Virgen de los Desamparados. Este catedrático de Teología Litúrgica se emocionó por poder servir a la Patrona de Valencia, abriendo al mundo entero las puertas y la historia de la Madre de Dios en su advocación más amada por los valencianos.

Treinta y dos años a su lado, doy las gracias al Espíritu Santo por ese presente. Conocedor como era de esta herida que llevaba prendida en el corazón desde muy jovencita: escribir la biografía de mi antepasado el Cardenal Juan Bautista Benlloch y Vivó. El reverendo Jaime Sancho no ha tenido pena en dedicar su tiempo a guiarme y corregirme cuando me estaba equivocando por la biografía del Cardenal Benlloch.

Mi querido D. Jaime sabe que lo quiero mucho, pero se lo ha ganado a pulso. Estos últimos años han sido para mí muy difíciles y su hombro siempre ha estado a mi lado. Gracias por ser mi Padre Espiritual y mi mejor amigo.

Agradezco también al padre Domingo Ortega Gutiérrez su aportación a las letras que tenéis entre las manos. Su trabajo de investigación histórica, conmemorativo del séptimo centenario de la Catedral de Burgos, es magno y, en su generosidad, ha puesto toda la información recogida en su gran labor a mi completa disposición. Gracias, padre, el Cardenal desde el cielo nos ha unido. Siempre tendrá a su valenciana.

Y ahora quiero dirigir mis palabras a dos jóvenes muy importantes para mí, mi hija Cristina Delás y mi sobrina Blanca Belenguer.

Cris, has decantado tu vida al mundo de la filosofía; eso te obliga en muchas ocasiones a girar la vista atrás. ¡Sabes del poder de la historia! No lo olvides jamás. La mamá siempre fomentará esa pasión por saber lo que ocurrió.

Blanca, tú has dirigido tu vida a la arquitectura, un mundo complicado, pues es mucha la competencia en el momento social que acontece. Estoy también muy orgullosa de ti. Las reglas y los compases no han evitado que el corazón de mi sobrina esté construido sobre unos cimientos firmes. No cambies, cielo. La tía Alicia te quiere mucho.

Sois primas hermanas y en eso os parecéis. Sois sencillas, cariñosas y emotivas. Muy conscientes de dónde están los lazos que os unen, pues vuestros corazones están siempre latentes de amor al pasado y al presente, para intentar mejorar el futuro.

Espero que los lectores gocen mi obra.

I

En la huerta valenciana

Valencia es la tierra de las flores, de la luz y del amor, como dice ese precioso pasodoble. Dios, en su inmensa bondad, la dotó de un suelo fértil al extremo, y el labrador la cultivó con ardor, recibiendo de este regalo del cielo los frutos del calor humano proferido a la misma.

La huerta valenciana fue causa firme de todo un modo de vida. El trabajador de la madre tierra dedicaba el día entero al cuidado de animales y cultivos con ahínco. El sustento familiar se basaba en ellos.

La historia es imprescindible para conocernos a nosotros mismos. La raíz del árbol es base de la fortaleza del tronco, de la resistencia de sus ramas, de la realeza de su presencia.

Soy valenciana, llevo la tierra en las venas: frutas, verduras y flores. ¡Gozo buceando en mi pasado! Cuando paseo por el Camino de Algirós, donde estaba la alquería perteneciente a mi familia, inevitablemente me emociono. Allí nacieron mi padre, mi abuelo y mis tías abuelas. Mis antepasados penetran en mi corazón como una bala en el tiro más certero.

Reposando en un banco del parque que actualmente existe en ese lugar, vuelo en el tiempo y entro en el comedor más hermoso, con un techo pintado de flores por un caminante a quien ayudaron mis ancestros en un acto de amor al necesitado, quien, agradecido, respondió a su gesto de apoyo al prójimo con esa obra de arte, disfrutada día a día por mi familia. Siento el aroma de ese emparrado lindante a mi hogar. Y sentada en esas sillas de enea, escucho las labores de mi bisabuela Carmen y mi abuela Concepción, mientras mi abuelo Vicente, homónimo de su padre, trabaja sin parar; toda una saga en honor a san Vicente Mártir, perpetuada por mi padre y, *a posteriori*, por mi hijo. A nuestro lado, mi bisabuelo prepara esos invernaderos artesanales para evitar el daño a los tomates en los meses del frío más intenso…

Ora et labora, una constante en la huerta valenciana, motivo el cual, sin duda alguna, imprimió un carácter. La mutua y recíproca colaboración entre los labradores fue muestra firme de amor al prójimo, como a ti mismo, en momentos tan caóticos como esa riada. El Turia invadió cultivos y hogares el 14 de octubre de 1957, provocando un verdadero desastre. Animales pequeños se subieron a pisos altos de las casas para evitar la muerte por ahogamiento. Los animales grandes fueron amarrados a pilares de los establos por sus patas delanteras, con la única intención de mantener sus cabezas lo más altas posible, impidiendo su asfixia. Y así todo. Una constante al terminar esta batalla con la naturaleza fue «¡todos juntos saldremos adelante!».

A las 13:00 h tengo cita para una revisión médica, adolezco de graves patologías, gracias a Dios, perfectamente controladas. Paseando me encamino al Hospital Clínico. Al pasar por la alquería de Casa Clemencia, vuelvo a parar para sumergirme de nuevo en mi pasado. La madre de mi abuelo, de quien os hablaba anteriormente, viene de allí. ¡Soy Clemencia!

Mi tatarabuelo, Tomás Belenguer Suay, fue seminarista, estudió en el colegio seminario del Patriarca, pero los problemas familiares lo obligaron a abandonar sus estudios, pues sus hermanos mayores fallecieron y la mano varonil hacía falta en casa. Al lado de su hermana Concepción, cuidó de sus progenitores, demostrando su querer a la sangre y a Valencia.

El amor invadió su vida, conoció a mi tatarabuela y tuvieron siete hijos. Mi bisabuela Carmen y sus hermanos sabían leer, sumar, multiplicar. La cultura encabezó su infancia. Su padre fue Concejal del Ayuntamiento de Valencia. Él, entre otras labores, llevó el agua potable, la electricidad y el médico a Benimaclet, esa preciosa zona de nuestra bella ciudad, puso nombre a diferentes calles, como El Santísimo Cristo de la Providencia, La Asunción de Nuestra Señora o Los Santos de la Piedra. El compañerismo, el respeto al pasado y a los demás y, de nuevo, el amor a Cristo fueron una constante en Casa Clemencia.

A la entrada de la alquería, la Virgen de los Desamparados daba la bienvenida a habitantes y visitantes, pues un precioso cuadro de la Madre de Dios los recibía, el niño Jesús guardaba el sueño de los más pequeños… En estos terrenos se podía gozar del aroma de la jacaranda y el olivo, sentir el perfume del eucalipto más natural, del azahar más fresco…

Allí también se vivía la fe, diferentes imágenes religiosas presidían estancias muy hermosas. No en vano, un tío de mi tatarabuelo, Lorenzo Belenguer, ejerció su ministerio sacerdotal en la Colegiata de San Bartolomé; un primo hermano de mi bisabuela Carmen, el padre Ricardo Belenguer, fue cura de la iglesia de Alboraya, y una prima de mi padre, Carmen, también decidió dedicar su vida a Cristo y tomó los hábitos.

En Casa Clemencia se enorgullecían de ellos, además de, por supuesto, cuando alcanzó su más alta dignidad el Cardenal Benlloch.

Caminando lentamente, sintiendo la humedad del aire en las facciones de mi rostro, arribo al sitio donde mi tatarabuelo, Salvador Vivó Cervera, y su hermano José fundaron el huerto de flores más renombrado en Valencia. El pisar esas calles de la ciudad siempre me arranca la sonrisa más dulce, pues una idea ametralla mi cerebro y mi corazón constantemente: «¡Ya estoy pisando flores, ya estoy pisando flores!».

El origen de la huerta valenciana se encuentra en el Imperio romano, así se creó la ciudad de Valentia, todo un punto estratégico para las conquistas habidas aquellos años. Aunque su desarrollo no fue muy fructífero en esos tiempos.

Ahora, eso sí, en la Edad Media, durante el periodo islámico, los labradores crearon una importante estructura fluvial. Ese torrente de plata se vio invadido por un tropel de acequias y azudes, además de pequeñas presas. Todo lo anteriormente enumerado consiguió desecar grandes zonas pantanosas, además de controlar las fuertes avenidas de agua para llevar el riego a los campos. Molinos de ese líquido aportante de vida aprovechaban el caudal de ese regalo del Turia, haciendo circular su transparencia por acequias o lavaderos, próximos a alquerías y cultivos.

En la huerta de Ruzafa, esa zona de Valencia, nacieron mi tatarabuelo y su hermano, envueltos en un complejo relato de transformaciones políticas y sociales. Esa época ratifica con su testimonio el crecimiento y la modernización de la ciudad. El Antiguo Reino de Valencia desempeñó un papel protagonista en la zona mediterránea.

Un ambiente de inestabilidad generalizado, con frecuentes cambios de régimen y aparición de nuevas ideologías, creó una división en la sociedad valenciana. Los partidarios de la centralización del poder batallaban contra los de la autonomía regional. El malestar social y las protestas iban *in crescendo*, cada vez eran más frecuentes.

Ineludiblemente, en el ámbito económico, Valencia dependía en gran medida de la agricultura. Las naranjas y el arroz ocuparon un papel protagonista, estos últimos poco a poco tropezaron con muchas dificultades. La competencia de importaciones extranjeras, la inestabilidad de los precios del mercado causaron problemas de solvencia financiera a muchos habitantes de la zona.

Tal vez todo lo anteriormente enumerado fue causa firme por la cual dos hermanos emprendedores fundaron ese vergel de flores, buscando mejores oportunidades y un nivel de vida más elevado. Siendo muy niños, asistieron al derribo de las murallas de la ciudad, un trascendental acto de progreso, el cual abrió nuevas vías de expansión y desarrollo. Los índices de población fueron en aumento de manera inexorable y el crecimiento demográfico se amarró al proceso de renovación urbana.

Mis antepasados lo vivieron con trabajo voraz, tenaz; la flor es tersa, pero su raíz se extiende con fuerza mostrando su belleza. Una familia en unión de corazón. Los tiempos pasados habían sido extremadamente complicados, el amor a Cristo y la fe fueron una constante en su educación.

La tierra provocó unión, y no solo por un vínculo biológico. Sin duda alguna, la sangre tira con fuerza, pero de la misma manera el cariño causado por la ayuda concedida a un amigo, un vecino y, sobre todo, entre labradores. Eran compañeros de fatigas.

El vínculo familiar no solo abarcaba a los miembros del hogar. Los niños de aquella época tenían muy claro el parentesco habido con tíos, hermanos de los padres, o incluso los hijos de estos. En consecuencia, las casas eran hogares de todos ellos. Los primos eran amigos e, indudablemente, compañeros de juegos.

La tía de mi tatarabuelo vivía en la calle Botellas, Valencia, en el distrito de la Ciutat Vella. El nombre de este paseo, con su denominación en plural, parece ser moderno, pero con la denominación en singular, calle de La Botella, ya se encuentra mencionada en una escritura ante el notario Carlos Francisco París, en el año 1765.

En un acto casi divino y premonitorio de los tiempos venideros, al lado de la Lonja de la Seda, una obra maestra del Gótico civil valenciano, que data del siglo XV, cobijado en el repique de campanas de la Real Parroquia de los Santos Juanes, titulada de esa manera en el año 1858 por decreto de Isabel II, quien la visitó el 2 de mayo del mismo año, también conocida como iglesia de San Juan del Mercado, el Cardenal Juan Bautista Benlloch y Vivó nació el 29 de diciembre de 1864.

II

El Cardenal Juan Bautista Benlloch y Vivó nació el 29 de diciembre de 1864

A la luna de Valencia, en las últimas horas del 28 de diciembre del año 1864, María del Carmen Vivó Sabater empezó a sentir esos dolores divinos, clarín anunciante de la proximidad del alumbramiento de su primogénito.

En esos tiempos, la atención médica era muy diferente a la de hoy en día. Los conocimientos distaban mucho de los de ahora, eran limitados, y de la misma manera, la higiene no podríamos calificarla de rigurosa.

En su casa, asistida por una comadrona, quien era simplemente una mujer experimentada en partos, sin ninguna cualificación académica, aunque capaz de ayudar en posibles complicaciones, y acompañada de otras féminas de la familia pasó el calvario de las contracciones del nacimiento.

Nueve horas después, el llanto de un bebé fornido, rubito y regordete la llenó de dulzura y sus ojos se cubrieron de lágrimas de alegría. ¡Con la ayuda de Dios y la Virgen María había dado vida! ¡No hay nada más grande!

La recién estrenada en el título de madre sostuvo al pequeño entre sus brazos, cubriéndolo de besos, abrazándolo contra su pecho, pues eso calmó su llanto, al sentir el latido cardiaco de la mujer que lo había llevado en las entrañas nueve meses. Pasados unos minutos lo amamantó.

Ambos dos, madre e hijo, estaban protegidos y eran inmensamente amados por el padre de quien ya era rey de la casa. Juan Benlloch y David gozó viendo a su vástago en plenitud, mirando en la criatura la perpetuación de la sangre, de generación en generación. Con total certeza, la ansiedad de su primogénito alimentándose lo llenó de orgullo, pues el paso de los años lo dotaría de fortaleza, de una recia complexión física, y por su mente pasaron miles de escenas vividas con su padre.

Ese abuelito feliz, Juan Benlloch, vecino de Patraix, y su esposa, Águeda David, eran dos seres humanos, pues las emociones habían ganado la batalla al sostener a su primer nieto entre sus brazos. Un nuevo rango, ¡ya eran abuelos!

De la misma manera, Salvador Vivó y Vicenta Sabater, los padres de su madre, atendían a su hija en el malestar provocado por el difícil crucero navegado para alumbrar a su nieto. El cansancio no hacía mella en ellos, pues el corazón con sentimiento es siempre latente. Una vez la mamá empezó a descansar —fueron nueve horas de un dolor insoportable, sostenido por amor—, plenos de alegría pudieron abrazar al recién nacido, al hijo de su hija. La continuación de su estirpe. ¡El 29 de diciembre del año 1864 fue un día memorable para los Vivó!

El neonato había abierto los ojos en el seno de una familia profundamente cristiana. No en vano, las dos únicas hermanas de su padre fueron religiosas, uno de los hermanos de su madre fue sacerdote y las tres tías maternas también tomaron los hábitos. Tal vez, el camino a seguir desde el cielo estaba marcado.

Al día siguiente de su nacimiento, el 30 de diciembre, fue bautizado Juan Bautista Benlloch y Vivó. Ese hermoso templo, la iglesia de San Martín y San Antonio Abad, construido en el siglo XIV, de estilo gótico valenciano y un barroco, regalo de las reformas a las cuales fue sometido en los siglos XV, XVI y XVII, fue el hogar anfitrión de Juan Bautista Benlloch y Vivó como hijo de Dios en el sagrado sacramento del bautismo. Esos muros fuertemente cimentados, acogedores de diferentes capillas, alojadas entre los contrafuertes de una sola nave, asistieron a la ceremonia presidida por el padre Juan Bosco, exquisitos testigos de cómo los padrinos del protagonista se comprometen en la obligación de enseñar a su ahijado la doctrina de la fe y el amor a Dios. El paso de los años calificaría su trabajo con un *magna cum laude,* sin duda alguna.

Los estudios primarios los cursó en las Escuelas Pías de San José de Calasanz. Estas fueron fundadas por el religioso español que les dio nombre, logrando poco a poco más importancia con la generosa aportación del Arzobispo Andrés Mayoral. En Valencia, las primeras datan del año 1737. En ellas se unen por primera vez la enseñanza primaria y secundaria en un mismo edificio, el cual aún pervive en la calle Carniceros y está unido a una iglesia elegante, además de impresionante estructura neoclásica, con una de las cúpulas más grandes que se construyeron en su época, emulando la del panteón de Roma.

Así transcurrió la infancia de Juan Bautista, el hermano mayor de una familia compuesta por tres hijos, a quienes cuidó y fue su compañero de juegos, papel llevado a cabo por el primogénito en aquellos tiempos. Este debía dar ejemplo. Tal vez fue para ellos un mentor quien señaló el camino a seguir, pues la niña tomó los hábitos y el benjamín de la casa también fue ordenado sacerdote.

Ingresó temprano en el Seminario Conciliar de Valencia. Este fue fundado en el año 1790 por el Arzobispo Francisco Fabián y Fuero, resultado de las gestiones realizadas un año antes por su Ilustrísima Andrés Mayoral, pues tras reiterados encuentros, consiguió con la autorización del rey Carlos III su constitución.

Sin duda, estamos hablando de historia. La primera sede de esta institución, cuyo único objetivo era enseñar a los futuros sacerdotes, a los predicadores de la palabra de Cristo, estaba situada en el edificio de la Casa Profesa de la Compañía de Jesús, aprovechando que los jesuitas habían sido expulsados recientemente de los dominios del rey de España. El obispo auxiliar, Melchor Serrano, inició tan difícil carrera con tan solo veinte seminaristas, pero el incremento constante de vocaciones fue incesante. Ante lo cual, el curso 1891-1892 forzó a la apertura de una nueva sede, tras acondicionar algunas dependencias de la calle Trinitarios. ¡Centro histórico de la ciudad!

El arquitecto Timoteo Calvo fue el encargado de diseñar este edificio, alzado sobre solares pertenecientes, tiempo atrás, a la familia del conde de Real. Hoy en día son propiedad del arzobispado de Valencia.

Las características de esta construcción son espejo de una gran austeridad. La fachada principal de la misma es de corte académico, la piedra es usada como elemento ornamental en recercado, en huecos, impostas y cornisas. El resultado de tanto trabajo fue un contraste brutal de materiales. Las fachadas secundarias, sin los primeros ni molduras, son todavía más sobrias. Un diseño respondiente a criterios meramente funcionales.

El claustro rectangular dentro de esta parte de la historia de Valencia es dórico-toscano. A él se accede por el zaguán número 3 de la calle Trinitarios. Este gran espacio era parte de la zona pública del edificio. Las esbeltas columnas de hierro en su galería alta son el primer caso de utilización de este material en Valencia y son un claro ejemplo de la arquitectura del siglo XIX, pues le confieren un aspecto algo ecléctico.

En el número 1 de la misma calle existe otro claustro, donde se encuentra la casa sacerdotal, pero este no es visitable y cuenta con unas dimensiones algo más reducidas, aunque de gran interés, pues está hecho totalmente de hierro con un cierto estilo modernista. La capilla del seminario es de planta rectangular, adornada con el orden corintio, y tiene bóveda de medio punto, cúpula con cimborrio y linterna.

En el año 1874 ingresa en el Seminario Conciliar Central el entonces niño, dueño absoluto de mis letras, Juan Bautista Benlloch y Vivó. Profesores de una gran formación, como el padre Jaime Almera Comas, quien simultaneó los estudios eclesiásticos con los universitarios, velan por la formación intelectual de nuestro pequeño protagonista.

De hecho, ganó primeros premios, otorgados en aquellos tiempos a alumnos matriculados allí. Poco a poco, según van pasando los años, obtiene el grado académico de bachiller, envuelto en letras y números, en un maremágnum de latín, filosofía, ecuaciones, divisiones… Pero ante todo cobijado en su fe.

Una beca de colegial premió su constancia, según documentos de aquellos tiempos, batallada en reñida oposición, y conservada hasta el final de la carrera eclesiástica, desde los inicios del primer curso de Filosofía. La tesis doctoral de esta es calificada con un *nemine discrepante*: nadie discrepó, ¡unanimidad plena!

Acabados estos últimos, se hizo doctor en Teología y Derecho Canónico. Además de, por supuesto, terminar los estudios eclesiásticos institucionales. Brilló como una estrella en su periodo de formación, fue un alumno aventajado. Un historial académico digno de resaltar, tan sencillo como eso.

Mi tatarabuelo y su hermano, primos hermanos de este seminarista, fueron los floricultores más importantes de Valencia. La relación familiar era muy intensa. Recuerdo cuánto me emocioné cuando pude leer de su puño y letra un trocito del diario personal del Cardenal Benlloch, donde decía textualmente:

¡Qué feliz soy, me han dado el diaconato, y estoy estudiando en un vergel, entre nardos, lirios y rosas!

En el Seminario Central recogió, con tenacidad y esfuerzo, los grados académicos de licenciado y doctor, tras superar los debidos «ejercicios». Terminó los cursos institucionales con veintitrés años de edad, y tres años después se doctoró en Derecho Canónico con unas calificaciones altas.

Pero sus ansias de sabiduría no estaban aún colmadas y obtuvo el grado de Bachiller en Artes por la Universidad de Valencia. Un hecho muy feliz y brillante en su vida fue su ordenación presbiteral, el 25 de febrero del año 1888. Además, con una dispensa canónica otorgada, ni más ni menos, por la Santa Sede lo hizo a título de patrimonio propio, y no en poder de los deseos de la diócesis. Podía unir a los miembros de la Iglesia, hablar de Cristo, acudir a las misiones, celebrar la santa cena…

Había recorrido el primer tramo del camino, sus ideas se agolpaban en la cabeza. Era un hombre sensible, campechano y afectivo. Inteligencia y amor combinaron en sus decisiones.

Sin duda alguna, todo lo enumerado anteriormente, en su casa, con la familia, en el campo, en el seminario, entre compañeros, como presbítero…, provocó una necesidad imperiosa en la personalidad de este insigne valenciano, y el futuro Cardenal Benlloch inicia su andadura en el campo de la enseñanza. El recién ordenado sacerdote Juan Bautista Benlloch y Vivó, profesor de humanidades.

III

Juan Bautista Benlloch y Vivó, profesor de humanidades, metafísica, y coadjutor en Almácera

Al iniciar su andadura como profesor numerario en el Seminario de Valencia, una mano del recién ordenado sacerdote estaba unida a las humanidades, ese conjunto de disciplinas académicas, paralelas pero ajenas a la dureza y minuciosidad de las ciencias, además de estar plenamente relacionadas con la cultura humana.

Una parte de las humanidades, quizás la más difícil, iba fuertemente cogida a la metafísica, una rama de la filosofía la cual se ocupa de la estructura, los componentes y principios fundamentales de la realidad: entidad, ser, existencia, causalidad, tiempo y espacio son palabras que forman parte de su rico vocabulario.

A este extraordinario docente se le describe como un gran orador. Creó un vínculo de amor, profesor-alumno, en relación con la materia a impartir. Todo lo cual forjó a fuego lento un lazo. Este desembocó en un Mediterráneo de abrazos con pupilos, pues jamás perdieron el trato.

Así ocurrió con los beatos mártires Juan Ventura Solsona, nacido en Villahermosa del Río (Castellón), el cual formaba parte de una familia de escasos recursos económicos, con once hermanos, y Ramón Martí Soriano, también sacerdote, quien vio la luz del día por primera vez en Burjassot (Valencia), perteneciente a una casta también con unos haberes modestos, además de profundamente cristiana. Y como ellos, otros tantos.

Juan Bautista Benlloch unía su sólido talento a una férrea cultura y un extraordinario don de gentes. Todo lo anteriormente enumerado siempre lo acompañó, eran cualidades congénitas, además de cultivadas con extremo cuidado, lo cual lo ayudó mucho en su brillante carrera.

La enseñanza se unió en alianza con su cargo como coadjutor en Almácera. Allí nuestro querido Cardenal dejó su huella en los inicios de su andadura sacerdotal, pues una calle lo recuerda en la localidad.

Es imprescindible destacar algo, el papa León XIII, con su magisterio en la encíclica *Rerum novarum,* «de las cosas nuevas» o «de las revoluciones» (5-5-1891), provocó un replanteamiento de la relación de la Iglesia católica con el movimiento obrero, además de con las democracias del momento. Esta, llevada a la cristiandad, otorgó una extrema importancia a las relaciones del sacerdote con sus fieles, incluso hablando de altos cargos de la Iglesia. ¡Tratamos de la primera encíclica social de la Iglesia católica!

En Almácera, esa bella localidad valenciana perteneciente a la Huerta Norte, lindante al municipio de Alboraya, comienza a ejercer su ministerio sacerdotal el reverendo Juan Bautista Benlloch y Vivó. Es nombrado coadjutor de la iglesia del Santísimo Sacramento, humilde cargo que acepta, dejando a un lado la independencia otorgada por el haber sido ordenado a título de patrimonio propio.

Almácera, un bello topónimo proveniente del árabe, 'la almazara' o 'la prensa'. Un fructífero pueblo delimitado por el barranco del Carraixet, el cual solo lleva aguas estacionalmente, a pesar de poder causar graves inundaciones cuando se desborda.

El pueblo es completamente llano. Está regado por la acequia Real de Moncada y la de Rascaña; ambas se abastecen de las aguas de ese Turia de plata.

Las características anteriormente enumeradas son premonitorias de una realidad maravillosa, además de hermosa, la cual seguramente en más de una ocasión enterneció al recién ordenado sacerdote, Juan Bautista Benlloch y Vivó. La mayor parte de la población cultivaba la tierra, y él la llevaba en las venas.

El milagro de los peces es un acontecimiento a resaltar, pues provoca la construcción allí de una parroquia propia, solicitada al obispo de Valencia por mediación de Hugo de Fenollet. Hasta entonces pertenecían a la demarcación de Alboraya.

Nos encontramos en el año 1348. En ese suceso inexplicable rememorado cada doce meses con una romería el lunes de Pentecostés, un converso, gravemente herido, llamó al cura de Alboraya para recibir la comunión. El párroco, al cruzar ese barranco crecido por una fuerte lluvia, cayó al agua junto a su caballo, perdiendo la arqueta donde estaban las sagradas formas. Ante lo sucedido este, volvió a esa cuna de la horchata. Pasados unos minutos, algunos labradores acudieron raudos a su encuentro, explicándole la presencia de unas luces brillantes en el barranco. El sacerdote corrió y, al ver tres peces con las formas en la boca, no tardó en recuperarlas. Las guardó en un cáliz y las llevó a Alboraya; la arqueta conteniente de las mismas se conserva en Almácera. ¿Cuántas veces se emocionaría el padre Benlloch en esta romería?

En esa iglesia del Santísimo Sacramento, templo situado al borde de la plaza Mayor, cuya construcción se alargó hasta finales del siglo XIX, en más de una ocasión acariciaría el plomo envolvente de esa arqueta milagrosa.

Un edificio donde se impone una fachada de ladrillo con base de sillería, la cual resalta por su severidad académica y geométrica. Está enmarcada por dos torres, la de la izquierda porta el reloj en el segundo cuerpo. Inevitablemente, me emociona el pensar cuántas horas pudo ver pasar allí nuestro protagonista.

El Cardenal Benlloch desde muy joven fue tremendamente empático. El coro de la iglesia se sitúa a los pies sobre la entrada principal y en más de una ocasión animó a los fieles a cantar a Dios y la Virgen, mejorando tonalidades para honrar a la Santísima Trinidad. A esas tres personas en un solo Dios.

Ayudó a labradores en momentos malos, pues esas inundaciones provocadas por el barranco flanqueante de Almácera más de una vez dejaron a familias enteras en situaciones paupérrimas.

Al mismo tiempo fue un sacerdote tremendamente accesible. Los pequeños lo querían y él cultivó con ardor el amor a Dios en los chiquillos.

El presbiterio de la iglesia es amplio, con altar exento, y sobre él se sitúa un templete circular con cuatro columnas para exponer la custodia. Está decorado con ángeles, alegoría de la eucaristía y el Cristo salvador. Una preciosa obra de Antonio Cortina, a quien también se deben varios frescos y las pinturas de los lunetos.

En innumerables ocasiones explicó a comulgantes la belleza y realeza de esos soldados celestiales, quienes asistían felices a su primer encuentro con el cuerpo de Cristo.

Dejó su sello en Almácera; como he dicho anteriormente, una calle lleva su nombre, lo recuerda. No desean que caiga en el olvido su obra, su biografía. Paseos constantes entre la población, poniendo en sus charlas alma y corazón, intentando impartir los mejores consejos, lo hicieron tremendamente querido. Su nombramiento como Cardenal hizo vibrar Valencia y, cómo no, ese precioso pueblo lloró de emoción.

No era selectivo, pero al mismo tiempo no dejaba de ser tremendamente autocrítico. Sabía de su labor, ayudó al cura en todo lo requerido por el máximo mandatario de la parroquia, pero, al tiempo, si en un paseo matutino un agricultor precisaba de su fuerza para sostener al caballo o levantar las cajas portantes de la recolección de los cultivos, estaba para ellos, los ayudaba.

Recorrió cada calle, cada rincón, cada esquina. Visitó enfermos, impartió sacramentos, siendo también un habitante más de la localidad. Carecía de vanidad.

El coadjutor de la parroquia del Santísimo Sacramento de Almácera, en su personalidad, era carente de cualquier banalidad.

Durante el resto de su vida, esos cinco años de su primer nombramiento estuvieron siempre presentes, y el amor por el pueblo donde ejerció por primera vez como coadjutor fue una constante latente. Incluso siendo Cardenal, cuando visitaba Valencia acudía presto a sus orígenes como pastor de la Iglesia, en visitas aclamadas por los habitantes de esas tierras.

Almácera fue el motor de arranque de este avión a reacción, de un verdadero príncipe de la Iglesia. Por eso la localidad entera lloró de corazón cuando en el año 1893 el Santo Padre emitió un nuevo nombramiento, la cuna lo llamaba: Juan Bautista Benlloch y Vivó, coadjutor de la iglesia de los Santos Juanes.

IV

Juan Bautista Benlloch y Vivó, coadjutor de la Iglesia de los Santos Juanes

Navidad, una época maravillosa, la cual llama a la unión, celebrando el nacimiento del niño Jesús. Además, no solo entre la familia, pues en muchas ocasiones el nexo impuesto por la sangre te lo regala el corazón.

Valencia es tierra de grandes músicos. Amamos el lenguaje más selecto. Yo estudié piano clásico cogida de la mano del reverendo José Climent Barber en el conservatorio José Iturbi de mi tierra, y este extraordinario pastor de la Iglesia me enseñó el poder de la música bien interpretada. Mi mentor fue organista mayor de la Catedral.

He sido la niña mimada de este idioma, el cual se escribe entre pentagramas. A mi abuelo Ricardo lo disfruté poco tiempo, yo tan solo contaba con nueve años de edad cuando falleció, pero siempre lo recuerdo cogido a su clarinete. El paso de los años me hizo ver por qué el padre de mi madre siempre iba provisto de esa arma de la cual brotaban los trinos más hermosos, era su otra voz, y estos sonaron para mí en innumerables ocasiones. Jamás lo olvidaré.

Yo nunca estoy sola en casa. La música lírica siempre me acompaña. Gozo escuchando ópera, zarzuela… Hace pocos años las redes sociales me brindaron la inmensa alegría de conocer a uno de mis tenores favoritos, Ignacio Encinas Montañés.

Este caballero nacido en Grajal de Campos, municipio perteneciente al bello León, es uno de mis ídolos, pues es un tenor de fama internacional. Se ha convertido para mí en el hermano varón negado por la biología.

Afincado en la bella Ciudad Condal, Barcelona, cuna del amor de su vida, María de los Ángeles Damunt Navas, una señora maravillosa quien lleva la música en las venas, con la cual, tras un contacto muy especial, rápidamente floreció la rosa más hermosa. Es mi confidente, mi mejor amiga, esa hermana mayor que te aconseja, preocupándose por mi enfermedad, incluso con terquedad, pues le interesa. Su cariño no es ninguna banalidad, simplemente realidad. El amor de dos grandes personas fructificó en Óscar, un chaval extraordinario, sensible, quien tiene muy claro algo: en la España de las flores, en esta Valencia de mil colores tiene a su tía Ali.

Es el segundo día de Navidad, 26 de diciembre. El teléfono suena, Óscar me llama. Una sorpresa me espera.

—Tía, ¿cómo estás?

—Bien, cariño. ¿Y tú?

—Aquí, preparando la maleta, mañana me voy a Valencia. Voy a hacer un curso en el Conservatorio Profesional de Música. Dura una semana, me quedaré en el hotel de la Ciudad de las Ciencias.

—¿Que te quedarás dónde? Mira, Óscar, ten cuidado, la cobertura telefónica da para guantazos telemáticos. Te alojas en casa de la tía, no digas tonterías.

Las carcajadas de tres personas muy queridas por mí revelan que saben *a priori* mi reacción. Su madre —mi teta, como le digo cariñosamente— coge el teléfono envuelta en la risa por mi respuesta:

—Mira, se lo he dicho muchas veces, «no hagas enfadar a la tía», pero ya sabes cómo es… Entonces, ¿se queda con vosotros?

—Por supuesto. ¿Dónde se alojó Cris en Barcelona? Con sus tíos. Pues donde las dan, las toman.

—¡Ja, ja, ja! A las 19:00 llega el tren.

—Vale, teta. José Javier o yo iremos a recogerlo.

A la hora convenida llega a Valencia mi catalán favorito, pues a las 19:20 hacen su entrada en casa mi amor y mi sobrino. Levanto los brazos para fundirnos en el abrazo más pleno de cariño. No es justa la pugna establecida entre valencianos y catalanes, carece de sentido alguno, y nosotros, en nuestro amor, hemos vengado este litigio del todo absurdo. Españoles y, por lo tanto, hermanos.

El día siguiente, mientras comentamos la materia y los tutores de este seminario provisto de un contenido pleno, preparado con un único objetivo, el dominio de la voz del profesional musical, el teléfono móvil suena. Mi sonrisa brota como un muelle al ver el emisor de la llamada, el padre Gonzalo Albero.

—Hola, Ali. ¡Cuánto tiempo sin hablar! ¿Cómo estás?

—Muy bien, Gonzalo. ¿Y tú?

—Muy liado como siempre. Mañana tengo un ratito, me he acordado de ti y he pensado si podríamos vernos, a las 10:30 en la iglesia.

—Será un placer, así quedamos.

Cuelgo el teléfono con una expresión de alegría delatora del cariño proferido al sacerdote. No me cabe duda alguna, será una mañana preciosa, y mi querido Óscar lo percibe. Acaricia mi cabello mientras sus labios profieren las palabras:

—¡Qué alegría te has llevado, tía!

—Sí, cariño, conozco a Gonzalo desde hace muchos años, fue cura del pueblo donde nació mi madre. Ahora está en los Santos Juanes, un templo precioso y con mucha historia.

—Tía, ¿puedo ir contigo? Un compañero hablaba ayer de ese lugar. Explicaba de otro monumento muy bonito, pero no recuerdo el nombre y me gustaría conocerlo.

—Por supuesto, cariño. Seguramente te hablaba de la Lonja de la Seda.

—¡Sí, justo ese!

—A las 9:00 salimos de casa. Tomamos un taxi y así vamos con tiempo.

El sol hace su aparición en escena, y con él nace un día inolvidable para mí. Delante del espejo, mientras me maquillo de manera sobria y elegante, recuerdo al Cardenal Benlloch. Hoy hubiera cumplido ciento sesenta años. Tal vez, la llamada del padre Albero tenga cierto halo celestial y mi antepasado se lo haya pedido desde el cielo. Uno de los cargos de Juan Bautista Benlloch y Vivó fue coadjutor de los Santos Juanes. Inevitablemente, me emociono.

A las 9:20 estamos en la plaza del Mercado de Valencia, delante de la fachada de esa joya, la Lonja de la Seda. Detenidamente le explico a mi sobrino del alma la antigüedad de ese núcleo de comerciantes, todo un modo de vida en aquellos tiempos, reflejado de manera magna por el padre Juan Luis Corbín Ferrer en su libro *El Mercado de Valencia. Cien años de historia.*

La Lonja, la máxima obra del gótico civil valenciano, ha sido declarada Patrimonio de la Humanidad por la UNESCO. Este monumento brota como resultado de la prosperidad comercial de Valencia en el siglo XV. Óscar goza de la realeza de esos suntuosos medallones renacentistas del adjunto Consulado del Mar, las artísticas esculturas, las gárgolas…

Y al salir, dando pocos pasos, nuestros ojos gozan de la visión más deseada, la de una iglesia con historia, la Real Parroquia de los Santos Juanes, también conocida como la iglesia de San Juan del Mercado.

Ensimismados, observamos la belleza de la Virgen del Rosario, quien guarda a los comerciantes en su realeza, velando por su bienestar, una obra de Jacopo Pertesi.

El reloj marca las diez de la mañana, los Santos Juanes lo protegen. Una voz me saca de este paseo histórico por uno de los monumentos más queridos por los valencianos. Gonzalo se ha dado cuenta de nuestra presencia y, presuroso, acude a mi lado.

—Alicia, ¡cuánto tiempo! ¡Qué alegría!

—Sí, es verdad. Por fin ha llegado el momento, ya era hora.

—Y a ti te veo más morenito —le dice a Óscar, confundiéndolo con mi primogénito.

—No, no es mi hijo, Gonzalo. Óscar es mi sobrino.

Inmediatamente la amistad entre dos caballeros se sella con un buen apretón de manos.

El frío, con la humedad, aprieta más fuerte. El cuerpo nos pide un café con leche caliente y lo tomamos envueltos en una charla embaucadora. El intercambio de ideologías, experiencias e historias, cuando no se impone nada, es verdadera democracia, Turia desembocando en un Mediterráneo de amistad total.

—Hoy la misa es a las 11:30. La intención será por el Cardenal Benlloch, tu antepasado.

—Sí, hoy hace ciento sesenta años de su alumbramiento, me he acordado esta mañana. Me gustaría quedarme a escucharla y pedir por el eterno descanso de su alma. Óscar, ¿cómo lo tienes?

—Bien, tía, hasta las 17:30 no empieza el seminario.

—¿Estás estudiando? —le pregunta el padre Albero interesado.

—Sí, soy tenor, como mi padre, y me estoy preparando a conciencia.

—¿Y canta bien, Ali? Tu tía es una apasionada de la música, entiende y es muy crítica.

—Te lo resumiré en un refrán: «De casta le viene al galgo».

Óscar sonríe por mi respuesta de manera orgullosa y placentera, y con una pregunta encubierta de una forma educada al extremo, le sugiere al sacerdote:

—Me encantaría cantar esta mañana, en honor al Cardenal.

El cura de la Real Parroquia de los Santos Juanes de Valencia, feliz, levanta la sesión y con la mano nos invita a seguirlo hasta el templo. Entramos en ese brillante, el cual no ha dejado de relucir a pesar de ser pasto de las llamas en más de una ocasión, y el mejor acompañante, como cantante lírico apasionado del arte en cualquier vertiente, escucha atentamente las explicaciones de mi querido sacerdote, el padre Gonzalo Albero. Explica a mi catalán más querido datos curiosos sobre el sitio donde nos encontramos.

—Esta iglesia era un claro ejemplo de parroquia gótica, una gran nave, flanqueada por capillas en los contrafuertes, pero en el siglo XIV un incendio obligó a reconstruirla en su totalidad. En el siglo XVI, una lengua de fuego vuelve a hacerla pasto de las llamas en el presbiterio, el cual es reparado, obra dirigida por el entonces virrey de Valencia y arzobispo san Juan de Ribera.

Mi querido Óscar sacude la mano derecha al escuchar que en el año 1936 vuelve a padecer un asalto ignífero.

En un pequeño inciso, comento palabras de mi suegro. El padre de mi marido contaba tan solo con cuatro años de edad cuando el desastre volvió a invadir los Santos Juanes, en esa cruenta Guerra Civil, y desde la huerta, en la zona del actual barrio de Patraix, a unos tres kilómetros de donde nos encontramos, veían arder esa real iglesia tan amada por Valencia.

—Estamos restaurando el templo, con tantas reformas ha ido adquiriendo cierta fisonomía barroca —explica el cura de San Juan del Mercado detalladamente, y respondiendo a un claro gesto de invitación, levantamos la vista para observar la belleza ennegrecida creada por el cordobés Antonio Palomino—. El pintor de cámara del rey Carlos II pintó al fresco toda la bóveda, la gloria de la Santísima Trinidad, la Inmaculada con la luna en los pies, los coros de las Vírgenes, la lucha de san Miguel con Lucifer...

Óscar alza las dos manos poniéndolas en su cabeza mientras en un claro gesto de rabia exclama indignado:

—¡Qué pena!

—Alicia, toma lugar, en veinte minutos comienza la celebración. Me llevo a Óscar.

Sentada en los primeros bancos me emociono pensando en Juan Bautista Benlloch y Vivó. Aquí estaba en su casa, había nacido en una calle del barrio. Era un hombre cariñoso, además de tremendamente colaborador. Nietos de comerciantes de aquella época recuerdan a sus abuelos hablar de los paseos del coadjutor de los Santos Juanes entre las paradas, saludando, recordando, ayudando…

Una manada de toros bravos entra en mi corazón, recordando una historia contada en repetidas ocasiones por mi abuela paterna, su sobrina nieta. Un mercader padeció un infarto y murió a los pocos minutos. El sacerdote se volcó intentando salvar la vida al difunto, sin tener ningún reparo en ser el paño de lágrimas de su ya viuda y de los vástagos de la pareja. Celebró su entierro, y en esa misa de *corpore insepulto* hizo llorar a todo el Mercado Central de Valencia, pues resaltó los valores del buen comerciante en una labor plena de amor, demandante de trabajo con ardor. Era un hombre tremendamente accesible.

El cura sale al altar y da comienzo la celebración. Tras la lectura del evangelio, la homilía nos invita a recapacitar y los primeros compases del *Domine Deus*, 'Señor Dios', obra de Rossini, estremecen. Mis ojos valencianos parecen dos tiranos, pues dos estrellitas habitan en ellos. Al empezar a escuchar la voz de Óscar, son dos cataratas descargando emociones. Mi tenor favorito, en latín, esa preciosa lengua madre, llama a Dios, nuestro Señor.

El tenor tiene un papel destacado en esta obra. La música es solemne al extremo, además de tremendamente expresiva. Mi intérprete favorito la canta demostrando devoción y reverencia. Su voz clara, potente, me eriza el vello de emoción, y al mismo tiempo la agilidad en una perfecta combinación con expresividad transmite a todos los asistentes la profundidad requerida por el evento al cual asistimos.

Al terminar la misa, Óscar viene a buscarme y juntos acudimos a la sacristía a despedirnos del padre Gonzalo. Un cuadro del Cardenal Benlloch preside la estancia. Yo ya lo conocía, pero este maremágnum de emociones había sido causa firme de mi olvido momentáneo.

—Mira, cariño, ese era el Cardenal Benlloch, primo hermano de mi tatarabuelo.

—¡Jolín, tía, era muy alto!

—Los Vivó son muy altos, mi bisabuelo medía casi dos metros.

Gonzalo interviene, tras dar la enhorabuena a Óscar por una ejecución tachada de impresionante:

—Fue grande por dentro y por fuera. Su cuna de nacimiento lo llenó de fuerza para servir a Dios. Ascendió a cura rector de los Santos Juanes. En ese momento además la feligresía ascendía a treinta y dos mil almas, no lo tenía fácil, pero cumplió perfectamente con su labor y su carrera fue meteórica. Alicia está muy orgullosa de él, pero tiene motivos.

Juan Bautista Benlloch y Vivó, obispo, administrador apostólico de Solsona.

V

Juan Bautista Benlloch y Vivó, obispo administrador apostólico de Solsona

La carrera de este joven sacerdote es similar a un maravilloso paseo en globo gozando de cultura, paisajes y modos de vida diferentes, pues empezó marcando territorio por distintos lugares de España. El reverendo Juan Bautista Benlloch y Vivó, desde su cuna natal, la bella Valencia, surca el cielo a la ciudad guardada por ese acueducto construido en el siglo I d. C., entre finales del reinado del emperador Trajano y principios de Adriano, la histórica Segovia. Allí también dejó su huella. Y no fue fácil.

A finales del siglo XIX, en esa preciosa localidad, distintos medios de información fueron haciendo su aparición, marcados en más de un centenar de publicaciones impresas. ¡Segovia estaba despertando! ¡Una época de intensa actividad periodística daba buena cuenta de ello! Cada uno de los rotativos era dueño de diversos intereses políticos, económicos, sociales y culturales, a veces opuestos, incluso con carácter anticlerical. Ante todo lo cual, los datos en nuestro poder sobre Segovia y los segovianos son importantes, no carecemos de ellos. Fiestas, romerías y patronos ocupaban páginas enteras de todos los informativos. A lo largo de los años, la prensa segoviana ha dado buena cuenta de lo acontecido en la sociedad del momento.

En esos tiempos, a finales del siglo XIX, se había protegido al extremo el consumo de productos de la tierra, cuidando minuciosamente la entrada de ganado y cereales del extranjero.

En otro orden de cosas, la ciudad estaba viviendo un enorme proceso de renovación urbana, en busca del ansiado progreso. Para un venido de fuera, no era fácil dialogar, explicar, argumentar, por el carácter de los habitantes del lugar, y en medio de ese maremágnum de sucesos e intereses segovianos, hace su entrada en el hábitat de ese bello castillo de Blancanieves, el Alcázar de Segovia, el cual fue hogar en alguna ocasión de los Reyes Católicos, el sacerdote Juan Bautista Benlloch y Vivó.

Allí sigue ejerciendo la docencia. Don Juan Bautista fue un ilustre profesor, además de un extraordinario orador, muy querido por los feligreses. De hecho, su personalidad destacó de manera extraordinaria en el campo del derecho canónico.

Un hecho muy puntual para él tiene lugar desde el 16 de agosto de 1889 hasta enero de 1890. En ese intervalo de tiempo fue designado subpromotor de la fe en la causa de beatificación y canonización de la sierva de Dios María Micaela Desmaissières, venerable Madre Sacramento, fundadora de las Religiosas Adoratrices.

En la última etapa del procedimiento, pasó a empeñar el cargo de promotor. Durante toda la vista se acreditaron de nuevo su prudencia, sutileza, inteligencia, además de una fuerza de voluntad y constancia inagotables. Buscó, investigó, meditó y encontró los muchos motivos por los cuales el papa Pío XI la nombró venerable el 11 de junio de 1922, la beatificó en 1925 y la canonizó como santa en 1935.

Evidentemente, ésta fue milagrosa, pero el trabajo del Padre Benlloch ratificó los hechos y el resultado fue magno.

En 1899 fue nombrado Vicario General de Segovia, un cargo de marcada responsabilidad, de papel crucial en la administración y gobierno de la diócesis. Este lo desempeñó, como era él, haciendo gala de sus naturales dotes, plagados de supremacía y mando. Puesto ejercido junto al de Chantre del cabildo catedralicio, un dueto nada fácil. Este último es el nombre de una dignidad eclesiástica que designa al maestro cantor o a parte del coro en la Catedral, y lo llevó a una altura, con un grado de perfección no recordado en ningún momento por los segovianos, siendo además, pues entraba dentro de sus funciones, un Padre Espiritual para los feligreses de la Catedral. Con total certeza, su empatía y saber estar lo hicieron ser profundamente querido y respetado entre pentagramas, envolviendo tonalidades. Era un trabajador congénito, en ningún momento abandonó su labor como docente del seminario.

Al año siguiente, tras la defunción del obispo Quesada y Gascón, el cabildo catedralicio lo elige Vicario Capitular. La sede estaba vacante, el prelado había respondido a la llamada de Cristo, ante lo cual se precisaba de alguien con jurisdicción episcopal, capaz de administrar tanto los negocios como las batallas espirituales. Los derechos y obligaciones fueron similares a los del difunto, pero sin gozar de la ordenación episcopal. Compañeros, conocidos y la Segovia católica vaticinaron una victoria en su labor, como así ocurrió.

Esas preciosas tierras le regalaron un extraordinario presente, siempre latente el resto de su vida. Allí conoció a su majestad Alfonso XIII. La fama del sacerdote iba en aumento, fue un extraordinario predicador y orador, como hemos dicho anteriormente. El Palacio Real de La Granja, una de las residencias de la familia real española, sito en el municipio segoviano del Real Sitio de San Idelfonso, hoy en día gestionado por Patrimonio Nacional, fue testigo de esa entrega segoviana y española.

Ese palacio de Versalles español goza de antecedentes históricos, los cuales se remontan a la Edad Media. Era un lugar de caza frecuentado por los reyes de Castilla. Diferentes construcciones de manos y corporaciones distintas son los cimientos de la edificación ordenada por el duque de Anjou. Este se había criado en la corte de su abuelo Luis XIV. Era un hombre de carácter introvertido, pero al tiempo afable e inteligente, además de muy aficionado al ejercicio físico.

Ya como rey de España, Felipe V, enamorado del lugar, compró el terreno preciso y mandó elaborar el inmueble, rodeado de preciosos jardines y fuentes.

Alfonso XIII, aficionado a la caza, sentía una gran atracción por La Granja y muchos lugares del municipio. En una ocasión, junto al presidente del Gobierno y su madre, la reina María Cristina, acudió a la Catedral a escuchar la santa misa y presentar sus respetos a los canónigos allí habidos en ese momento, tras la defunción de monseñor Quesada. La celebración fue oficiada por el Vicario Capitular, Juan Bautista Benlloch y Vivó.

Los tres quedaron extasiados ante su extraordinaria oratoria, en una liturgia tremendamente regia, además de transmisora de valores y principios fundamentales de amor a los demás. Al terminar la misa, entraron a la sacristía con la intención de cruzar unas palabras con el Vicario Episcopal de la diócesis de Segovia, y con su congénita empatía, en pocos minutos los conquistó; eran muchas sus sobresalientes cualidades. La reina María Cristina lo invitó a cenar esa noche en La Granja y, en ese ágape, a fuego lento nació una parte importante de la historia del mundo.

Las cualidades de este joven presbítero valenciano ornamentaban una personalidad arrolladora. Sus méritos, del todo incuestionables, no podían dejar de encontrar recompensa y llamó la atención de la monarquía, entonces ostentante del derecho de presentación de los obispos y de las altas jerarquías de la Iglesia.

Un poco antes de cumplir los treinta y siete años, el 16 de noviembre de 1901, el Nuncio Apostólico en España, monseñor Rinaldini, facultado por el papa León XIII, elegía y nombraba administrador apostólico de la diócesis de Solsona al clérigo valenciano. Un mes más tarde fue preconizado obispo de Hermópolis. ¡Elevado a la dignidad episcopal!

Aquella ciudad del Alto Egipto había sido la sede de una de las antiguas diócesis desaparecidas, un rango, en el caso de Benlloch, hasta cierto punto algo provisional, premonitorio de los tiempos venideros.

Estos cargos se otorgaron por elección espontánea y libre nombramiento del rey, con total beneplácito de la Santa Sede. No podía ser nombrado propiamente obispo de Solsona porque esta diócesis debía haber sido suprimida según el Concordato de 1851, lo cual no llegó a cumplirse, y por eso, durante muchos años estuvo gobernada por vicarios capitulares y administradores apostólicos. Esta situación se prolongó hasta el 10 de noviembre de 1933, cuando el papa Pío XI restableció la diócesis en la plenitud de sus derechos episcopales.

El 2 de febrero del año 1902, la Virgen de la Candelaria, se celebró la ceremonia de consagración episcopal, pero no tuvo lugar en la Catedral de la diócesis, sino en la capital de España.

Monseñor Rinaldini, nuncio de Su Santidad en la Nación, deseó ser el obispo consagrante principal, pero por problemas de salud no pudo asistir y cubrió su puesto el Arzobispo de Sion, capellán de la Casa Real, siendo obispos coconsagrantes los prelados de Segovia y Jaén.

La celebración despertó gran expectación y tuvo lugar en la Real Basílica de San Francisco el Grande de Madrid. Este precioso monumento, construido en estilo neoclásico, data de la segunda mitad del siglo XVIII y goza de una cúpula de planta circular con uno de los mayores diámetros de la cristiandad. Un escenario imponente para un fervoroso acto multitudinario.

No era fácil realizar el trayecto de Solsona a Madrid, era larga la distancia, más de quinientos kilómetros, pero eso no fue un obstáculo capaz de imposibilitar la presencia de numerosas representaciones tanto civiles como clericales, de esa preciosa localidad ilerdense.

Acabada la ceremonia consagratoria, el nuevo cargo de la iglesia solsonense, como era costumbre en aquellos años, envió la primera bendición a la diócesis y sus diocesanos.

No debemos olvidar algo: desde aquel momento, de manera plena era su iglesia, con los fieles confiados por el santo Padre. Por lo tanto, en sus primeras palabras se dirigió a ellos de manera especialmente afectuosa y cercana.

Estamos hablando de unos años costumbristas, al entrar el nuevo administrador apostólico en Solsona, el volteo de campanas, la presencia de autoridades civiles, la asistencia masiva de fieles, acompañados de cánticos de corales, representaciones del clero, cofradías y hermandades brillaban como una lluvia de estrellas, dejando muy claro su cariño hacia el recién llegado. ¡Humanismo en plena extensión de la palabra!

El recién arribado, desde el mismo momento que pisó Solsona, fue un padre dispuesto, solícito, un inmejorable director de almas… Un corazón pleno de entusiasmo y alegría conducía la fe del lugar.

De hecho, apenas repuesto de las fatigas del viaje, el día 12 de mayo comenzó la primera visita pastoral de la diócesis. Su primer dilema consistió en algo tan sencillo como por dónde empezar. Pensó, meditó, se aclamó a Dios y, con toda seguridad, a su amada advocación de la Virgen de los Desamparados, para decidir empezar en Berga. La ciudad vivía un fuerte estado de agitación, los ánimos estaban excesivamente exaltados por ciertas reformas.

Allí empezó su labor como máximo mandatario de la Iglesia en Solsona. Ofreció su palabra y diálogo a los perjudicados, consiguiendo de esa manera, con esta «Santa Espiritual visita», cierta paz en los espíritus.

Poco a poco fue recorriendo toda la demarcación de la diócesis a su cargo, visitó iglesias, rubricó libros pastorales, impartió la confirmación, rezó responsos en cementerios. Predicó, impartió, llenó de sabios consejos a sacerdotes y fieles cargados de delicadeza y prudencia, todo lo cual cautivó a la sociedad en pleno.

En octubre de 1902, Benlloch empieza a afrontar problemas de gravedad, la estabilidad de la diócesis gobernada por él se tambaleaba, numerosos periódicos de distintos lugares de España se hacían eco de ello. Urgía evitar la supresión, hacerla perdurable como sede episcopal independiente, y eso lo obligaba a interrumpir la visita pastoral. Al entrar en Solsona fue recibido y aclamado por la población en masa.

Juan Benlloch empezó a trabajar como un león por la estabilidad de su diócesis, y comenzó escribiendo una carta pastoral al Romano Pontífice, donde demostraba «la necesidad no solo de que la diócesis fuera conservada en su actual estado, sino que fuese restablecida, tal como había sido, antes del concordato de 1851».

Es cierto algo, con esta sola autoridad, la pontificia, no había bastante para solucionar el problema y conseguir la conservación de la diócesis con todo lo perteneciente a ésta. Por eso presentó otra instancia al presidente del Gobierno de la nación. Todo lo anteriormente relatado a nuestro protagonista le quebró el sueño, fueron horas y horas de pensar cuál era el camino trazado por Dios nuestro Señor, y se percató de algo, no podía basarse únicamente en lo sentimental. El administrador apostólico de Solsona debía argumentarse adecuadamente con razones históricas y jurídicas.

Benlloch estaba relacionado con las más altas instituciones del Estado, ante todo lo cual no se conformó con remitir oficialmente sus exposiciones. Su más ferviente deseo era la importancia de la sede solsonense. Para ello debían ser conocidas por los funcionarios influyentes en la decisión final y depositó la documentación nombrada en el Ministerio de Gracia y Justicia, además de en la Nunciatura Apostólica en Madrid, en la Secretaría de Estado de Su Santidad en Roma y, por supuesto —no debemos dudarlo, ya eran buenos amigos—, al rey de España. Todo ello lo hizo personalmente.

La Catedral de Solsona forma parte de un conjunto de edificios que datan del final del siglo XII hasta el XVIII, con estilos románico, gótico y barroco, y tenía graves problemas en su estructura, lo cual había obligado a emprender obras de restauración con un costo muy elevado. Obviamente, cuando Juan Bautista Benlloch y Vivó entró en el templo, se percató de la situación.

Sus búsquedas de ayuda las motivaba el estado anómalo de la Catedral y la diócesis; por ello, su objetivo se centró en verlas ambas restablecidas en su estado primitivo, como antes del concordato de 1851. Una de las protestas más repetidas por el administrador apostólico de Solsona se centraba en estas palabras: «Hay que realzar todo esto, que se vea su importancia y si no se nos da y reconoce lo que se nos debe, al menos que por nosotros no se pierda».

Monseñor Benlloch se centró completamente en el bienestar de la diócesis, su patrimonio y sus fieles. Su único objetivo era, según palabras de nuestro protagonista: «Solsona debe salir de la oscuridad y ser conocida y respetada, a fin de que su existencia y su conservación queden en lo posible aseguradas».

Un clamor general brotaba en Solsona, pues sacerdotes, fieles de la diócesis, en el pueblo entero decían de él: «¡Cuán a gusto estaba en las funciones religiosas! ¡Con qué esmero y cariño las preparaba! ¡Los hermosos ejemplos dados al clero de su Catedral!».

Sus pensamientos y reflexiones fueron innumerables, pero una de tantas era: «¿Para qué quiere el Señor a sus ministros, sino para que le sirvan y para que le sirvan principalmente en su casa? Si aquí no estamos a gusto, nunca debimos hacernos sacerdotes».

Su acción pastoral ministerial fue densa, además de extremadamente intensa. Algo innovador, de todas, todas. En ella se dentelleaban con fuerza el amor por la Iglesia, profundamente demostrado día a día, y por supuesto al Romano Pontífice, Su Santidad León XIII.

Algo muy característico del ejercicio del cargo de Juan Benlloch en Solsona son las atenciones constantes proferidas hacia el cabildo catedralicio. Era un hombre tremendamente realista, además de consciente de algo, no eran infrecuentes las disputas entre el clero de la Catedral. Esta era el nido donde se gestaban muchos cargos curiales, de gobierno en la diócesis. En resumen, lo acontecido en la Catedral de Solsona reflejaba lo sucedido en la clerecía urbana y el mundo rural.

Pero no se dedicó solo a satisfacer al clero cardenalicio. Si así lo hubiera hecho, su misión pastoral hubiera estado incompleta. Ante todo lo cual, laboró con toda su energía por el clero en general, además de por los fieles de su diócesis.

Sus colaboradores los mantuvo, en todo momento, perfectamente informados de sus intenciones y actos. Disposiciones, exhortaciones y acciones pastorales eran compartidas con su equipo de gobierno.

Era un sacerdote tremendamente accesible, muy humano, afable y tremendamente cariñoso con todos. No obraba como superior, salvo en lo estrictamente necesario. Al mismo tiempo, sufría con sus penas y gozaba con sus alegrías. El administrador apostólico de Solsona se integró totalmente en la vida de esta localidad ilerdense, entre clero y laicos, con trabajo y amor. El estilo de gobierno del prelado Benlloch en la primera diócesis a su cargo se resume resaltando su cercanía y suavidad, a diferencia de otros muchos más autoritarios y distantes.

Estamos hablando de un sacerdote tremendamente detallista, y en Solsona lo demostró, pues no le pasó desapercibido el más mínimo detalle. Era preferible para él la persuasión al mandato o la imposición, fue profundamente humano.

Debió enfrentarse a situaciones difíciles y de extrema gravedad. En Berga, el arreglo de la comunidad beneficial estaba sin resolver desde mediados del siglo XVIII, un pleito verdaderamente encapsulado entre disposiciones, decretos, posturas de diferentes beneficiados… En el momento de su entrada, el administrador apostólico amainó el temporal, buscó soluciones y las aplicó, pues encontró las diligencias necesarias. La misma comunidad de beneficiados le remitió un mensaje, agradeciéndole su intervención en la solución de los problemas enquistados durante tanto tiempo.

También fue muy dura la solución del siguiente problema existente sobre la mesa del administrador de Solsona: la reforma del arreglo parroquial. El asunto mantenía en posición de alerta a la diócesis entera.

En primer lugar, don Juan Benlloch solicitó a los arciprestes demandantes el acuerdo de medidas y se las presentasen, deseaba profundamente conocer sus aspiraciones. El buen gobernante consiguió con un trabajo arduo, voraz, el arreglo de las demarcaciones parroquiales en la diócesis de Solsona.

El seminario también ocupó muchas horas de trabajo en el alma, la mente y el corazón de monseñor Benlloch. Él había sido profesor en el seminario de Valencia, la docencia siempre estuvo en su vida, y no paró, con una única intención: los jóvenes seminaristas debían tener la más amplia información en todo el abanico educativo. Su idea era muy resolutiva: en el seminario se preparan para el sagrado ministerio.

Para él era algo de extrema importancia, cambió los planes de estudios, mejoró las instalaciones, convocó claustros de profesores para seguir cultivando las vocaciones. Incluso llegó a contratar tres arquitectos, quienes reconocieron el estado real del seminario, y lo reparó sin coste alguno a la diócesis.

Juan Bautista Benlloch y Vivó cuidó con esmero todo el patrimonio de la iglesia solsonense, tuvo el honor de dejar un templo nuevo cada año de su pontificado en Solsona.

Se ocupó de todas las necesidades religiosas y eclesiásticas, indudablemente, pero al tiempo no escaseó su cooperación en lo relativo a la vida civil y los intereses materiales del pueblo en sí. La carretera de Bassella es una prueba evidente del amor a sus gentes. Su labor quedó reconocida en la ciudad de Manresa.

Las misiones ocuparon gran parte de su tiempo, su intención de mejorarlas fue impresionante, y lo consiguió. La tarea del misionero quedó institucionalizada, dio facilidades a los pueblos de alta montaña para participar con frecuencia de los beneficios espirituales de la predicación… El prelado Benlloch conocía la fuerza de la palabra y la ejerció.

En definitiva, un mandato jamás olvidado, pues lo marcan momentos personales de gran trascendencia, como la concesión, por Su Majestad el Rey, de la gran Cruz del Santo Sepulcro en el año 1903.

Solsona entera se unió a su alegría, como poco antes a su pena, pues su madre, María del Carmen Vivó Sabater, había fallecido hacía relativamente poco. Un cóctel de lágrimas con sonrisas envolvió a los solsonenses en esos días, pues el 6 de diciembre de 1906 fue preconizado Juan Bautista Benlloch y Vivó, obispo de Urgel.

VI

Juan Bautista Benlloch y Vivó, obispo de la diócesis de Urgel y copríncipe de Andorra

El 6 de diciembre del año 1906, fue preconizado obispo de la seo de Urgel Juan Bautista Benlloch y Vivó. El nuncio Rinaldini, tras el habido consistorio, hizo unas manifestaciones públicas, además de muy exhaustivas, donde dio todo tipo de detalles, las cuales aclaraban al extremo los motivos del nuevo nombramiento. Evidentemente, nuestro sacerdote valenciano reunía las virtudes y cualidades morales exigidas para ejercer este ministerio, su trato social era inmejorable. El reverendo perfecto para una diócesis portante del cargo de copríncipe soberano de Andorra. Sus declaraciones se expandieron así:

> *Es un prelado inteligente y erudito, práctico en los asuntos de la administración diocesana. Por mi parte, antes de ponerme de acuerdo con el conde de Romanones sobre la propuesta de este reverendo para Urgel, he querido consultar confidencialmente a los cardenales de Toledo, quien también es primado de España, Sancha y, de Barcelona, Casañas, y los dos me han manifestado su parecer favorable.*

Sin lugar a dudas, este obispado llevaba atada una fuerte responsabilidad política. Todo esto ratificó las declaraciones de monseñor Rinaldini, pues no fue fácil. Durante el tiempo que regentó la diócesis de Urgel y el gobierno de la Antigua República de Andorra, gestión llevada a cabo con el presidente de la República francesa, las circunstancias habidas en aquellos años lo obligaron a demostrar sus cualidades.

No debemos olvidar algo de extrema importancia, la diócesis de Urgel era dueña de un territorio procedente de la segregación de unos espacios físicos. La sede principal está ubicada en el espacio denominativo de la misma, el bello Urgel, y allí ha seguido hasta la fecha. Nombre proveniente del latín *saedis urgelli*.

Además, es dueña de siglos de antigüedad. La fecha de su erección se remonta al siglo IV. Es una de las más antiguas de la Iglesia en España. Nuestro protagonista estuvo más de una década al frente de la diócesis urgelense. Esta abarca las provincias de Lérida, Gerona y la totalidad del Principado de Andorra.

La Santa Iglesia Catedral está dedicada a Santa María de Urgel. Es la única íntegramente románica en Cataluña, considerada un ejemplar exclusivo por sus características italianizantes, altamente visibles en la ornamentación de la fachada y la galería abierta de la cabecera del templo.

Está presidido por la Virgen de Urgel, patrona de la ciudad. Una talla policromada del siglo XIII restaurada en 1922 por Pere Mongolet, dentro del absidiolo del altar mayor, la hace su reina.

Desde el 8 de septiembre de 1278, los obispos de Urgel son también copríncipes de Andorra, puesto ejercido en el momento que nos ocupa junto a otra gran personalidad.

El obispo Benlloch tomó posesión de su cargo varios meses después de ser nombrado, como era costumbre en aquellos años. Fue dueño de la mitra el 11 de julio del año 1907 e hizo la entrada solemnemente en su nueva diócesis el 25 de julio. Un día grande, ¡Santiago Apóstol y San Jaime!

Dejaba atrás su querida Solsona, aunque jamás salió de su corazón. Evidentemente, para él había sido un examen superado con un *magna cum laude*, nota grande con alabanza. Al margen de todo esto, sus vivencias allí lo obligaron a crecer como persona, como sacerdote, y en Solsona cimentó sus dotes de gobernante.

La diócesis de Urgel le abre la puerta de su nuevo hogar por Sanahúja. Las demostraciones de afecto y alegría son constantes en cada municipio atravesado por el nuevo obispo de Urgel. Allí ya era conocido, además de profundamente admirado, pues había estado presente en más de una ocasión. Era muy poca la distancia entre ambas.

La prensa religiosa del momento resalta las especiales dotes reunidas por el excelentísimo señor Benlloch, que le habían conquistado allí, como en todas partes, simpatías generales, de las cuales fue bella muestra su entrada solemne en la Seo de Urgel, bajo ocho hermosos arcos levantados en su honor, rodeado del pueblo en masa, en medio de una lluvia de flores y con un entusiasmo indescriptible.

El 19 de agosto del mismo año tomó posesión del cargo de copríncipe soberano del Principado de Andorra. La prensa se hizo eco del acontecimiento, plena de elogios, admiración y alegría:

Con este motivo se celebraron suntuosos festejos. El recibimiento hecho al prelado en San Julián y en la capital han superado a todos los anteriores y no se recuerda otro análogo. El consejo general acogió al nuevo príncipe con gran entusiasmo y alegría. El nuevo soberano dirigió al pueblo su elocuente palabra, en un discurso que arrastró a la muchedumbre. Ha regresado a Seo de Urgel, debiendo reseñar también las expectativas esperadas de su gobierno y su protección, las cuales, sin duda, traerían para los andorranos «días de paz y bienandanza».

Los deseos se cumplieron y a las pocas jornadas de la toma de posesión del Principado, los trabajos de la carretera de la Seo de Urgel, interrumpidos tiempo atrás, se reanudaron; era frontera entre el país y el Principado. El acto fue vitoreado por todo el pueblo andorrano.

Esa carretera era una verdadera arteria de comunicación, de articulación del territorio montuoso, y no se detuvo en San Julián. El obispo Benlloch la hizo penetrar en los valles e incluso hasta la capital.

El esfuerzo de monseñor Benlloch fue reconocido por todos, autoridades y pueblo llano. Él se empeñó firmemente en conseguir los recursos económicos suficientes y finalizó ese proyecto, paralizado bastante tiempo atrás.

Los andorranos estallaban de felicidad, pues su demanda se convirtió en realidad y, a mediados del año 1911, las brigadas del Principado por fin trabajaban. En agosto de 1913 fue entregada la obra para la circulación. San Julián y Urgel estaban perfectamente unidos a Andorra la Vella.

Juan Bautista Benlloch y Vivó se preocupó mucho —podríamos decir que fue su objetivo prioritario— no solo por modernizar y crear infraestructuras andorranas; para él fue primordial mejorar las condiciones de vida de los habitantes, de los pueblos, de los valles. Era una persona coherente y continuó trabajando, así también perfeccionó y amplió el servicio telefónico.

Por pura iniciativa personal del obispo Benlloch, se elaboró el catastro de las fincas del territorio perteneciente a la capital y de las demás parroquias. Ese acto fue los cimientos de una distribución equitativa de los tributos, muy necesaria en los valles y territorios montañosos. Además, consiguió del Gobierno español, poco tiempo después de su ingreso en la sede episcopal, la rebaja de los derechos aduaneros para el país del cual ostentaba el principado. Desde entonces se le aplicó el trato de la nación más favorecida.

Para el obispo de Urgel, copríncipe de Andorra, fue algo vital conseguir avanzar en temas, a veces tan complejos, como la convivencia, el entendimiento, el buen gobierno entre los andorranos y la sede de Urgel. Deseaba con fuerza la armonía entre las personas.

Un aluvión de sentimientos floreció para él, de manera espontánea. La causa de ese regalo de colores fue la visita pastoral por todas las parroquias del Principado de Andorra en el año 1913. Allí se mostraron los sentimientos de afecto y admiración de los fieles hacia su pastor y príncipe. ¡Un día para no olvidar! El Consejo General en pleno, presidido por su síndico, fue a recibir al obispo a la frontera. Los andorranos estaban envueltos en un huracán de júbilo, por primera vez veían entrar el coche de monseñor Benlloch, y una placa conmemorativa en la plaza mayor de la capital recuerda ese momento inolvidable. Jamás se perdió en la memoria todo aquello, pues había arraigado el calor de los cuidados paternales del príncipe de Andorra.

Él se esforzó, y lo consiguió elaborándolo de manera magna, en encontrar el orden y la paz, lo cual fue causa firme del progreso ansiado por todos. Al fin y al cabo, como consta en el lema de las armas del Principado, «la virtud unida es más fuerte».

En otro orden de cosas, sorprenden extraordinariamente los trabajos apostólicos y pastorales del prelado: la santa visita pastoral, atravesando montes, caminos pedregosos, pueblos sin luz ni agua corriente; la predicación constante en parroquias, la administración de sacramentos… Esa devoción profunda a san José de Calasanz y el cariño a Nuestra Señora de Meritxell, patrona de Andorra.

El obispo copríncipe de Andorra es el autor de la letra de su himno nacional, el cual reza así:

El gran Carlomagno, mi padre,
de los árabes me liberó.
Y del cielo vida me dio
Meritxell la gran Madre.
Princesa nací y heredera,
entre dos naciones neutral.
Soy la única hija que queda
del Imperio carolingio.
Creyente y libre once siglos,
creyente y libre quiero ser.
¡Sean los fueros mis tutores,
y mis príncipes defensores!
¡Y mis príncipes defensores!

Sus intervenciones como obispo de la seo de Urgel también hicieron sentirse muy protegidos a los fieles de la diócesis. Allí es preciso nombrar las obras realizadas en el río Segre. Este caudal, en octubre del año 1907, fue causa firme de perjuicios inmensos, amenazó distintos barrios bajos de la ciudad de Urgel. Los esfuerzos de las autoridades locales no estaban siendo suficientes, ante todo lo cual intervino de forma directa y eficaz en la canalización del río. Eso posibilitó las obras de encauzamiento, solucionando problemas provocados por graves y frecuentes avenidas. Todo lo anteriormente enumerado facultó las actividades agrícolas del regadío en las tierras bajas.

El señor obispo, con la única intención de ayudar, viajó a Madrid, llevó las gestiones precisas con una celeridad calificable en ocasiones incluso de veloz, tramitando además lo necesario relativo a otros proyectos de los urgelenses. Todos ellos estaban paralizados. Y el 23 de diciembre del mismo año, 1907, la Real Orden publicó en *La Gaceta* el mandato de hacer por cuenta del Estado los estudios de encauzamiento del río Segre. Al volver de ese viaje tan fecundo para Urgel, la población en masa, junto a las autoridades, fue a esperarlo al puente de la Carretera, límite del término municipal. Al bajar del automóvil se vio envuelto en una coraza de vivas y acordes de música muy melodiosos. El esfuerzo fructificó, pero el obispo no se conformó con atender a los habitantes de la Seo de Urgel. Muchos pueblos precisaban de su ayuda y recurrieron a él, quien, por supuesto, les dio la mano.

Juan Bautista Benlloch y Vivó en todo momento bregó por la unión. Su trabajo en Andorra conllevó implicar a los poderes del Estado galo con las autoridades de nuestro país y consiguió casi todos sus objetivos: entre otros, constituir el Sindicato de Regantes, el servicio de telégrafos completo, subvenciones para mejorar el cuartel de la Guardia Civil…

En ambos lados las muestras de reconocimiento y agradecimiento fueron constantes. Antes de cumplirse un año desde la toma de posesión del principado como copríncipe, el Ayuntamiento lo honró dando su nombre a una calle, además de nombrándolo hijo adoptivo y predilecto de la ciudad, el 23 de diciembre de 1907. Recibió honores en cada villa visitada por monseñor, fue muy querido tanto en Urgel como en Andorra, por su entrega total al bienestar de sus fieles.

Juan Bautista Benlloch y Vivó es la simbiosis perfecta entre lo material y las necesidades espirituales de sus feligreses. En Balaguer, se encontró con un enojoso conflicto, ecuménico y enquistado; era parte de un litigio dañino para los intereses religiosos de aquella ciudad y comarca.

Todo esto motivado por los derechos relativos al célebre santuario del Santo Cristo. El obispo quiso mediar para resolver el problema entre ambos, y en una semana lo había logrado. Esto constituyó un gran triunfo, probablemente uno de los más importantes durante su pontificado en Urgel. El pueblo entero lo aclamó con fuerza, pues había demostrado con hechos, consiguiendo la concordia, de una manera más amplia, los derechos de la mitra.

No era un hombre elitista, y es curioso que el 6 de junio de 1912 monseñor Benlloch giró la visita pastoral a Guissona, una importante parroquia. Hay algo extraño, varios de sus antecesores no la habían realizado debido a la animosidad con que ciertos elementos miraban al obispo por el enconado e interminable litigio del antiguo Palacio Episcopal, del cual se había apropiado el Ayuntamiento de Guissona.

La visita del prelado urgelense resolvió el viejo pleito. La solución la dio el compromiso del obispo ante las autoridades y las gentes de la parroquia: el palacio sería consolidado y restaurado con el fin de dedicarlo a escuela de niños y a una asociación católica de extrema importancia, curando de esta manera las viejas heridas y reparando el daño moral, debido al enfrentamiento con la mitra a lo largo de los años.

Fue mucho el trabajo con el cual debió enfrentarse cara a cara, día a día, además de realmente agotador, y todas esas circunstancias hicieron mella en su salud, provocándole un grave achaque. Este lo obligó a someterse a penosas y repetidas operaciones quirúrgicas, pero nuestro protagonista lo superó con constancia y fortaleza.

En Urgel, la precaria y angustiosa situación económica del clero parroquial fue, para Juan Bautista Benlloch y Vivó, una verdadera carrera de fondo. De hecho, en el discurso de bienvenida, pronunciado por el representante del cabildo urgelense, pueden leerse estas palabras: «Felicitamos a las parroquias y a todos los sacerdotes de las mismas, que tendrán en el nuevo prelado al varón providencial, que normalizará su situación, asaz precaria y angustiosísima».

Al poco tiempo, comenzó los trabajos para la reforma. Publicó edictos, convocando un concurso para la provisión de ciento noventa y dos curatos vacantes. A este se presentaron trescientos ochenta opositores, fue recibido con gran alegría y agradecimiento por parte de los candidatos. Ellos comenzaban a ver la luz al final de un túnel extremadamente largo. La oposición no tuvo solamente un cariz académico, ni jurídico canónico. Todos ellos, concluidos los exámenes, acompañaron a monseñor al Palacio Episcopal y, en su claustro, lo vitorearon. Sin lugar a dudas, hizo grandes esfuerzos para conseguir la reforma del arreglo parroquial, la cual debía ser previa a la provisión canónica de los curatos. La cuestión era muy compleja, además de extremadamente difícil de llevar a la práctica. Poco a poco pudo conseguirlo, toda una tónica en el tiempo de monseñor Benlloch como obispo de Urgel.

Otra de sus preocupaciones principales la ocupaba el seminario y, como no podía ser de otra manera, la formación de los aspirantes al sacerdocio. En la infraestructura de éste elaboró mejoras notables, y en el orden académico, lo dotó de un plan de estudios extremadamente acomodado a las intervenciones de la Santa Sede. Aumentó el número de cátedras, así como el de profesores adecuados a las materias a impartir. Preparó nuevas cátedras muy golosas destinadas al aspirante a sacerdote, como Arqueología Sagrada, Sociología, Agricultura… Creó además una escuela de música y canto gregoriano, instituyendo como novedad dos certámenes científico-literarios anuales. Estos sirvieron para abrir la institución a las actuales corrientes culturales emergentes. El obispo cuidó especialmente la atención personal del seminarista y les dirigió la palabra en muchas ocasiones. Eran frecuentes las pláticas e instrucciones paternales plenas de unción, de sabiduría teológica y mística.

La Catedral de Urgel se benefició de otra de sus grandes inquietudes. Por disposición suya se hicieron importantes mejoras dirigidas a su mayor decoro y aseo. Estas se ordenaron tras una reflexión profunda, con un único objetivo: evitar daños irreparables. En abril del año 1919 se dieron por terminadas las obras. Instituciones como la Real Academia de Historia, la Real Academia de Bellas Artes de San Carlos, de su tierra natal, la bella Valencia, y la de Bellas Artes de San Fernando en Madrid reconocieron su esfuerzo.

El obispo Benlloch honró a todos sus predecesores en el cargo. Su especial sensibilidad, unida a una intensa preparación musical, lo llevaron a reorganizar la capilla de música de la Seo de Urgel, trabajando sin cesar por el esplendor del culto. Grabado a fuego lento quedó en el corazón de los fieles el sufragio del Cardenal Casaña, la canonización de san José Oriol…

Los padres escolapios le agradecieron todas sus atenciones unos meses más tarde, rindiéndole un homenaje extraordinario, celebrado en el colegio de Sarriá, donde se le hizo entrega de un pectoral de oro y piedras preciosas, regalo de los religiosos y exalumnos de la escuela catalana. El 22 de marzo de 1919, con total seguridad, se emocionó. El protagonista de mis letras fue un valenciano entusiasta de la advocación de la Virgen de los Desamparados, y la familia Calasancia, a los pies de la Madre de Dios, le hizo entrega de un precioso anillo de rubíes.

En definitiva, la sede episcopal de Urgel es deudora al obispo Benlloch de una gran obra social, titulada en esas tierras como el Instituto Obrero. El prelado no escatimó esfuerzos para esta gran labor del pueblo, con su ayuda consiguió consolidarse muchos años y con gran esplendor. Su tarea abarcó, fundamentalmente, dotarla de un nuevo reglamento, reparó su sede social, la amuebló y al tiempo consiguió un compendio de fines religiosos y sociales. Fe y bienestar social son una constante en el pontificado de

Juan Bautista Benlloch y Vivó. Los hechos ratifican la veracidad de mis palabras.

Valencia siempre estaba presente en su corazón, y los trayectos cursados a la tierra donde por primera vez vio la luz del día los hizo pleno de ilusión. Amó la Virgen de los Desamparados, quizás por ese motivo no ahorró esfuerzo alguno en su ayuda a las obras del enriquecimiento del camerino.

En el Senado de la nación, en sus contadas intervenciones en los debates fue la admiración de todos, tanto por el contenido de sus discursos como por su forma, transparente, parlamentaria y congénita en nuestro protagonista. Esta revelaba su conocimiento de este tipo de contiendas, pues para él eran habituales.

Su fama fue *in crescendo* como la buena música, ante lo cual fue requerida su presencia en celebraciones internacionales. Traspasó los límites geográficos y respondió a la llamada de Italia.

Era un amante de la doctrina católica, pero no solamente con la palabra, los hechos acompañaron sus oratorias. El 23 de noviembre de 1912, cuando se dirigía a Barcelona para predicar en la Catedral con motivo del congreso de música religiosa, sufrió un grave percance: al atravesar la vía férrea, su automóvil fue arrollado. El accidente lo dejó en el suelo pleno de heridas y contusiones.

Estuvo impedido por un largo espacio de tiempo, acogido en casa del herrero de la localidad, donde dio grandes muestras de resignación, piedad y afecto, además de agradecimiento por las atenciones para con él. En la España de las flores, esta Valencia de mil colores celebró por todo lo alto su restablecimiento. Monseñor Benlloch, con total seguridad, se emocionó al ver el rostro de la Madre de los valencianos.

En la seo de Urgel se celebraron solemnes funciones religiosas, en acción de gracias, por la pronta curación de las heridas del obispo, las cuales coincidieron con el XXV aniversario de su ordenación sacerdotal. Según las costumbres de la época, primero se celebró una misa de comunión general, ¡muy concurrida!, y también se celebró una pontifical, en la cual brilló como un astro de luz un precioso cáliz, regalo de todo el clero de la diócesis.

Su fama como orador la gozaron importantes personalidades: S. M. don Alfonso XIII, a quien acabó uniéndole una férrea amistad, el presidente del Gobierno de España o los futuros papas Benedicto XV y Pío XI, quienes entonces eran respectivamente monseñor Giacomo della Chiesa, sustituto de la Secretaría del Estado, y monseñor Eugenio Paccelli, secretario de Asuntos Eclesiásticos Extraordinarios. Ante estos últimos glosó la gloria de las misiones españolas y de los mártires de Tonkín. Intervino en el último Congreso Católico Nacional, celebrado en Santiago de Compostela en el año 1902.

Esa extraordinaria oratoria se unía como el arma más fuerte en la predicación de la palabra de Dios con la escritura. Son inolvidables sus cartas pastorales en Urgel, la publicada en el año 1913 con motivo de la conmemoración del XVI centenario del Edicto de Milán, la dirigida a los andorranos con ocasión del patronazgo de Nuestra Señora de Meritxell… Los urgelenses lo llaman el «obispo pacificador». O la redactada en el año 1917 con motivo del II centenario de las Escuelas Pías… Dardos al corazón tanto para el amante de Cristo como para quien no lo era. El rebatimiento a sus premisas y consecuencias, en ocasiones, no era sencillo. No en vano, «la paz de Cristo» la escribió el 9 de abril de 1916, Domingo de Pasión. Está dirigida a clero y fieles de su diócesis. En ella se refleja claramente la autoría, no de un obispo cualquiera, hace gala de su titularidad.

La Primera Guerra Mundial, la denominada «Gran Guerra», hizo desaparecer la paz en Europa y en el mundo por sus efectos dramáticos, y nuestro obispo protagonista se involucró de alguna forma en el juego de las relaciones internacionales, de manera que volvió a escribir por la concordia en la carta pastoral redactada en 1916: «La paz del mundo y la paz de Cristo».

Este documento se redacta en un momento de extremada dificultad, no solo para la Iglesia, sino para el mundo entero, incluso en nuestro país, y si bien España se mantuvo neutral, el Principado se vio implicado como aliado de Francia. En estas letras, el obispo Benlloch repite la tribulación del papa Benedicto XV, algo conocido por todos, ante la horrenda y enconada guerra que destroza a tantos miles de hijos suyos y hermanos nuestros, además les recuerda los deseos expresos del Papa, aprovechando para el indicado objeto el día sagrado de la conmemoración del sublime sacrificio del hombre-Dios. Las gracias de soportar con fortaleza y cristiana resignación las pérdidas causadas por la guerra y suplicándole el fin de una prueba tan grande, larga y terrible. Cristo no es solo nuestra paz, sino que Él es la paz nuestra.

En el año 1913 corría un rumor sobre el obispo de Urgel respecto a un posible traslado a la sede metropolitana de Tarragona. Encontró un millón de baches y hoyos en su trayecto a su destino. En el Vaticano, el Cardenal Antonio Vico intervino directamente desde la curia en los nombramientos de los obispos españoles, por una razón muy sencilla: era conocedor de la situación de la Iglesia española.

El Cardenal Vico se opuso tajantemente a varios nombramientos, entre ellos el traslado del obispo Benlloch desde la sede de Urgel a la metropolitana de Tarragona; pero también el español encargado interino de negocios de la Santa Sede apoyó la teoría del Cardenal Vico y llenó de dudas la certeza en el posible traslado de nuestro protagonista.

Los periódicos de Madrid dieron buena cuenta de los acontecimientos, informando sobre los hechos, y personas consideradas serias manifestaron su sorpresa por un posible traslado. Un punto muy importante para estas fue el trato de monseñor Benlloch con las damas.

Su carácter cariñoso y empático, afable en más de una ocasión, en la sociedad del momento llevó a un malentendido sin base alguna. No debemos olvidar que estamos hablando de la España de 1913. Pero había más acusaciones calumniosas, las cuales provocaron otras reservas, y la puerta del Arzobispado de Tarragona se cerró para Juan Bautista Belloch y Vivó.

Monseñor Benlloch se encontraba en una situación incómoda en Urgel. No dejaba de ser un hombre pacificador viviendo en tiempos revueltos.

El Arzobispado de Valencia quedó vacante a finales de 1913, por el traslado del Cardenal Guisasola a la sede primada de Toledo. Una riada de rumores sobre un posible nombramiento de nuestro protagonista invadió la Iglesia valentina. Pero Guisasola escribió al nuncio Ragonesi y, para más inri, dirigió una durísima carta personal al cardenal secretario de Estado Merry del Val, con un único objetivo: impedir el nombramiento de Benlloch. Las cartas en contra y a favor del cambio del obispo de Urgel a la sede metropolitana de Valencia se multiplicaron.

Un grupo de sacerdotes valencianos dirigió el 28 de febrero de 1914 al nuncio Ragonesi la petición del traslado del obispo Benlloch a Valencia, lo cual contrastaba fuertemente con las duras acusaciones de Guisasola y arregló su buen nombre.

Este grupo de reverendos veía su nombramiento como la «preparación de días de gloria a la iglesia valenciana, jornadas de aliento a su clero, y fecunda y próspera renovación moral a este pueblo, que sueña en verse regido por esa alma grande, enamorada de la Virgen de los Desamparados».

También por aquellas fechas, valencianos católicos enviaron la nunciatura, una carta abierta al nuncio de Su Santidad. En ella pedían el nombramiento del obispo Benlloch como Arzobispo de Valencia, ponderando sus cualidades personales e insistiendo en lo bien recibida que sería por los valencianos la persona de ese obispo de la tierra.

Ante tanto ir y venir de informes y peticiones, la candidatura de D. Juan Benlloch para su ciudad no fue tomada en consideración.

Por último, los liberales promovieron la candidatura de Benlloch para la diócesis primada de Toledo. También allí se complicó demasiado la elección del Vicario Capitular. Los candidatos del Gobierno español fueron los valencianos Reig y Benlloch. El Gobierno y el mundo político eran favorables a la elección de Reig, pues no era cardenal.

En resumen, nuestro protagonista vivió una segunda negativa a sus aspiraciones.

Antes de cumplir los cincuenta y cuatro años de edad, al producirse la vacante en Burgos por la defunción de don José Cadena y Eleta, el 21 de noviembre de 1918 fue nombrado Arzobispo de dicha sede y preconizado el día 7 de enero de 1919. La toma de posesión fue bastante complicada. La elección del Vicario Capitular provocó un conflicto entre canónigos burgaleses, resuelto por el nuncio Ragonesi.

Los diecisiete años frente a la diócesis de Urgel y como copríncipe de Andorra dejaron su sello marcado. Son palabras del *Boletín Eclesiástico del Obispado de Urgel*: «Al ver a su prelado amadísimo honrado con tan merecida distinción, la diócesis de Urgel estaría de enhorabuena, si este hecho no implicara para ella una pérdida tan grande y dolorosa, de la cual no puede consolarse». Una nueva etapa comienza en su vida. Juan Bautista Benlloch y Vivó, Arzobispo de Burgos.

VII

Juan Bautista Benlloch y Vivó, Arzobispo de Burgos

La Seo de Urgel y el Principado de Andorra fueron años extremadamente difíciles para el sacerdote Juan Bautista Benlloch y Vivó, el protagonista de mi obra. Tarragona y, *a posteriori*, Valencia fueron dos sueños truncados para un gran hombre, quien añoraba con todo su corazón la brisa del Mediterráneo. Indudablemente, estar en Valencia para él hubiera sido un premio a su esfuerzo, pero no pudo ser y lo aceptó. Era un señor preparado para servir a Dios en cualquier lugar, en distintos sitios, y en esas hermosas tierras castellanas muy conocidas por él desde su estancia en Segovia encontró el lugar perfecto para expandir la palabra de Cristo.

En Burgos había gobernado don José Cadena y Eleta, Juan Bautista fue su Vicario General en la diócesis segoviana. El pontificado burgalés del Arzobispo Benlloch fue corto, pero extremadamente intenso. Este se vio marcado por una incuestionable interacción entre el Arzobispo y su acción de gobierno pastoral. El pasado, representado por Cadena, y el presente, simbolizado en Juan Bautista Benlloch y Vivó, se dieron la mano para avanzar juntos por un único objetivo: regir, enseñar y santificar a los burgaleses.

Don José Cadena y Eleta cayó gravemente enfermo, la noticia invadió a la velocidad de la luz todos los rincones de la ciudad. Era joven, contaba tan solo con cincuenta y ocho años de edad, pero su salud estaba muy debilitada. Pese a ese estado tan quebrantado en su lozanía, su actividad pastoral gozaba de un denominativo claro: intensa. Luchó contra su enfermedad muchos años. Antes de responder a la llamada de Cristo, probablemente corrió por su mente y su corazón un currículum intenso, el cual abarcaba cargos de rango, como la dignidad de Chantre de la Catedral de Madrid o juez del obispado madrileño, entre otros.

La muerte de su predecesor, D. Benito Murúa López, en el año 1912, completamente inesperada, permanecía en el recuerdo de la sociedad burgalesa, ante todo lo cual, la defunción del Arzobispo Cadena fue un golpe duro para clero y fieles del bello Burgos. Las campanas de la Catedral, de todos los conventos e iglesias de la ciudad, por supuesto también las de los pueblos, doblaron por el Arzobispo Cadena, tocando a muerto. Esos repiques lúgubres, prolongados, tristes, persistentes y apenados clamaban al aire y anunciaban al pueblo entero la defunción de su pastor.

La sede había quedado vacante, inevitablemente épocas nuevas llamaban a la puerta. El tiempo de espera nos regaló la preconización del nuevo Arzobispo de la diócesis de Burgos. El cabildo metropolitano nombró casi inmediatamente al Vicario Capitular, quien tomó la vara de mando de la diócesis durante un tiempo.

El 7 de enero del año 1919, medio año después de la muerte de su predecesor, fue preconizado Arzobispo de Burgos Juan Bautista Benlloch y Vivó. No solo el *Boletín Oficial del Arzobispado de*

Burgos se hizo eco de la noticia, los datos y crónicas aportados por la prensa de la ciudad, recibidas de sedes de las cuales procedían, daban los rasgos de la personalidad y el *curriculum vitae* del nuevo prelado. Todo esto permitió a clero y laicos burgaleses hacerse una idea aproximada de quién era el máximo mandatario de la Iglesia en Burgos.

Ante esta última noticia, las campanas de la Catedral volvieron a sonar, esta vez bastante tiempo, con una única intención: anunciar a la ciudad y a la diócesis el nombramiento del nuevo prelado. ¡Un gran acontecimiento!

El 7 de enero del año 1919 fue expedida en Roma la bula papal del nombramiento de don Juan Bautista Benlloch y Vivó, promovido desde la sede episcopal de Urgel al histórico Burgos. Lentos fueron los actos de la designación oficial y largo el espacio de tiempo desde el anuncio del mismo a la toma de posesión.

Urgel, en su *Boletín Oficial,* anunció la promoción del prelado con una preciosa crónica invadida de líneas divinas como estas:

Al ser publicado por la prensa diaria el nombramiento del Excmo. Dr. Benlloch para el Arzobispado de Burgos, ha sido muy grande la emoción que este acontecimiento ha producido en toda la diócesis, según lo atestiguan infinidad de cartas de todas partes…

El sentimiento en Urgel era un Turia con dos afluentes diferentes: por un lado, la alegría y satisfacción por la promoción del prelado urgelense, nacido en Valencia, a la sede metropolitana de Burgos, y en otro cauce les invadía la pena, el dolor y la tristeza por el traslado del obispo copríncipe a esa silla, la cual gozaba de enorme prestigio. Ya no estaría con ellos.

Es preciso resaltar las diferentes felicitaciones recibidas por el nuevo Arzobispo de Burgos. Destaca, indudablemente, la de los reyes de España, especialmente efusiva y cercana. Además de las de otros miembros de la familia real y de ilustres componentes del episcopado español.

En febrero del año 1919, el *Boletín de Burgos* publicó, pleno de satisfacción, el siguiente artículo:

> *En el número 2 del Acta Apostolicae Sedis, que corresponde al 21 del mes corriente, se hace público que, por decreto de la Sagrada Congregación Consistorial del 7 de enero del presente año, nuestro Santo Padre, el papa Benedicto XV, se ha dignado preconizar para esta Santa Iglesia Metropolitana y arzobispado de Burgos al Excmo. y Rvdmo. Sr. Dr. D. Juan Bautista Benlloch y Vivó, obispo de Urgel.*
>
> *Con la más viva satisfacción publicamos en este Boletín tan fausta y consoladora nueva, para que llegue oficialmente al conocimiento del venerable clero y fieles del arzobispado, quienes seguramente la recibirán con singular contento y alegría, pues ya se aproxima el ansiado y feliz momento en que, cesando la viudez de esta santa Iglesia, venga a regirla y gobernarla el sabio y celoso prelado, cuyos gloriosos pontificados en Solsona y Urgel hacen concebir las más legítimas esperanzas de que, con sus relevantes dotes y esclarecidas virtudes, aumentará los timbres de gloria con que han honrado esta sede sus ilustres predecesores.*
>
> *¡Dígnese Dios nuestro Señor, ya que en su providencia siempre adorable nos ha deparado pastor tan sabio y celoso, continuar por muchos años concediendo al Excmo. y Rvdmo. don Juan Benlloch y*

*Vivó la salud y los auxilios oportunos para honor de nuestra patria
y gloria de la diócesis burgalesa.*

Un artículo hasta cierto punto estremecedor. Es espejo del dolor desembocando en alegría de la sociedad burgalesa y, cómo no, por supuesto, también del clero ante la pérdida de los arzobispos anteriores en el mando de la iglesia de Burgos a nuestro protagonista, quien, desde su preconización, mantuvo una estrecha relación con el cabildo metropolitano de Burgos, mediada por el papa Benedicto XV.

Primero llegó la toma por poderes, un acto *ad intra*, 'hacia dentro'. En él, el cabildo metropolitano y el prelado entrante se pusieron de acuerdo en todos los detalles. El día de la toma de posesión privada, por poderes otorgados por el nuevo Arzobispo al deán de la santa iglesia catedral, solemne y públicamente, era inolvidable tanto para la Iglesia diocesana como para cada uno de los prelados. Este acontecimiento tuvo lugar en el mismo templo catedralicio, en la sala capitular, en aquellos tiempos no era rutinaria cada toma de posesión por poderes otorgados por el nuevo arzobispo. Y de él se hicieron eco tanto el *Boletín* como diferentes medios de comunicación. El Gobernador Eclesiástico suplicó a todos los miembros de la comunidad diocesana que ofrecieran y elevaran a Dios sus súplicas de otorgar al nuevo mandatario luces y dones del Espíritu Santo, regalo a disfrutar por la diócesis de Burgos ante el nuevo nombramiento.

El 12 de junio del año 1919, casi un año después de la muerte de D. José Cadena y Eleta, hace su entrada en Burgos, aproximadamente a las tres y media de la tarde, el nuevo Arzobispo Benlloch. La ciudad estaba expectante y conmovida. La población entera le tributó un recibimiento grandioso. Al fin y al cabo, ese ilustre varón iba a regir el destino de esta archidiócesis.

Autoridades civiles, militares, clero y pueblo dieron espontáneas, claras y extraordinarias muestras de cariño, regocijo, religioso entusiasmo y respeto al recibir por primera vez la bendición de su pastor.

Al bajar del tren, tras bendecir emocionado a la muchedumbre que lo aclamaba, dirigió frases de profundo agradecimiento por un recibimiento tan entusiasta. Los vítores y aclamaciones no terminaban, se sucedían sin interrupción alguna. Subió al coche del Ayuntamiento, acompañado del alcalde, D. Ricardo Díaz, y con grandes dificultades por el gentío habido allí en ese momento se dirigió a la Catedral.

Las banderas ondeaban, se movían las insignias del Círculo Católico de Obreros y de otras tantas asociaciones piadosas, mientras la música acompañaba ese séquito de bienvenida.

De hecho, al bajar del coche el nuevo Arzobispo para entrar en la Catedral, el entusiasmo del pueblo burgalés llegó a su punto culminante. Las campanas volteaban repiqueteando con alegría, dando las gracias al cielo por la llegada del nuevo prelado. El guion estaba preparado *a priori* por el cabildo metropolitano, quien lo acogió en pleno en su entrada por la puerta principal de la Catedral, arropados por el calor del amor de la gente allí presente. Un acto con sabor a viejas costumbres y tradiciones de siglos.

Se cumplió con todo el protocolo, confirmó el juramento prestado por el deán de la Catedral cuando por poderes tomó posesión en su nombre y visitó la tumba de su predecesor, D. José Cadena y Eleta, provisionalmente inhumado en la capilla de Santa Tecla.

Tengo la casi plena certeza de algo, los ojos del nuevo Arzobispo se llenaron de lágrimas. Era un hombre sensible y, a la vez, tremendamente emotivo. El reverendo Cadena no era para él un simple nombre, fue uno de los obispos coconsagrantes en su ordenación episcopal, un acontecimiento muy relevante en su vida.

Un día para el recuerdo, como el de la entrada oficial. Los grandes protagonistas fueron los ediles del Ayuntamiento, vestidos de rigurosa etiqueta, portando medalla y vara de plata. Estos, acompañados por timbaleros y clarineros, se dirigieron hacia el palacio arzobispal. Allí los esperaba Juan Bautista Benlloch y Vivó, el nuevo Arzobispo, acompañado de la comisión del cabildo metropolitano. Al llegar, el alcalde de la ciudad invitó a D. Juan a incorporarse en la misma y la comitiva partió hasta llegar a la Catedral.

Una vez allí, todo discurrió como dispone el ceremonial de obispos. En esa hermosa puerta del Perdón, también llamada puerta de Santa María o puerta Real, construida hacia el año 1250, el señor alcalde hizo entrega al Arzobispo de las llaves de la ciudad y, tras recibir su bendición, este séquito civil regresó a las Casas Consistoriales.

Al entrar en la Catedral, el Arzobispo Benlloch adoró el *lignum crucis*, ese símbolo de la redención y el sacrificio de Jesucristo por la humanidad, presentado por el deán de la santa iglesia catedral D. Ángel Pérez Villalvila. Acto seguido, nuestro querido protagonista se revistió de pontifical y, ante el altar portátil, escuchó atentamente la fórmula del juramento leída por el secretario capitular. Con la mano puesta en la primera hoja del canon del misal romano ratificó, mientras su corazón bombeaba pleno de emoción, su toma de posesión. El Arzobispo subió al altar, para bendecir sin cesar al pueblo que le había sido encomendado, envuelto por las voces emergentes desde la capilla y la música de la orquesta. Todo siguió el orden dispuesto, como hace siglos.

El pontífice de la archidiócesis recibió el abrazo del metropolitano con los obispos sufragáneos, el besamanos, la presentación de los capitulares y beneficiados… La oración entonada por nuestro Arzobispo a Santa María, Nuestra Señora de la Asunción, patrona de la santa iglesia catedral tocó el corazón de todo el mundo.

¡Un protocolo estricto! Pero llegó el momento esperado, la multitud ocupó el templo cardenalicio sedienta de la palabra de su padre y pastor, quien presto subió al púlpito visiblemente emocionado, para comenzar su primera alocución.

Habló de la ciudad de Burgos, de los timbres de gloria otorgados por los siglos a la misma. La calificó como la más noble y leal cabeza de Castilla, y él se complació en reconocer en ella su timbre más glorioso, el de la bienaventuranza. Finalmente, entonó el preste y las preces propias del mismo acto. Una toma de posesión solemne donde D. Juan Bautista dio las gracias a los párrocos, quienes quisieron estar a su lado en ese acto diciendo: «Bendito el que viene en el nombre del Señor», pues había en la Catedral curas de la ciudad y de los pueblos circundantes a la misma, plenos de felicidad. Sin lugar a dudas, en este acto oficial de toma de posesión se vio protegido por el Santísimo Cristo de Burgos, pues su voz se espació por todo el recinto catedralicio haciendo vibrar a propios y extraños, como se dice habitualmente. Su primera conexión con el alma de los burgaleses, con su fe, se había logrado perfectamente. Por último, el Arzobispo impartió su bendición al inmenso concurso de fieles y, despojado de sus vestiduras pontificales, con gran dificultad pudo abrirse camino entre la gente, ansiosa por poder besar ese anillo pastoral.

Un cronista del momento lo comenta extasiado:

Vano sería el empeño de seguir el grandilocuente discurso de nuestro señor Arzobispo; saturado de acrecentado patriotismo y de un cariño muy sentido a Burgos, ciudad tan unida a la de Valencia, que vio nacer a S. E. R. por figura de tanto relieve como Rodrigo Díaz de Vivar, el Cid Campeador.

Al día siguiente, el deán de la Catedral celebró una misa de acción de gracias al Espíritu Santo por la feliz llegada del nuevo prelado, en la Santa Iglesia Metropolitana, a la cual asistió el Arzobispo acompañado de algunos de sus familiares, lo cual llamó mucho la atención; era un hombre profundamente participativo.

De hecho, este acto fue el preámbulo de otros más, como un encuentro en la sala capitular con el cabildo al completo, mostrando su reconocimiento, amor y gratitud profunda y deseando a todos bendiciones celestiales. Era un momento invadido de cercanía humana, de saludos personales, sin prisas de ningún tipo, simplemente un contacto cercano entre compañeros. Al fin y al cabo, debían trabajar codo con codo.

A partir de esa misa en acción de gracias, los homenajes de diferentes asociaciones se sucedieron constantemente, preámbulo de alardes y elogios al nuevo Arzobispo por parte de diferentes asociaciones, las cuales desprendían júbilo y alegría por su llegada. Las manifestaciones de amor y respeto de la antigua ciudad castellana no tuvieron límite, el Círculo Católico de Obreros, la Universidad Pontificia, el Seminario Menor de San José… le honraron con brillantes homenajes.

Todos estos actos contribuyeron sin duda alguna a exteriorizar el entusiasmo generado en el corazón de los burgaleses por la personalidad de su nuevo prelado. Aproximadamente un mes después recibió, de manos del nuncio de Su Santidad, el palio episcopal, un acto marcado en su pontificado, celebrado en la capital de España.

El día 23, D. Juan Bautista Benlloch vuelve a Burgos, su nuevo hogar, tras un acto de una gran resonancia eclesial y también de carácter político. Su relevancia social cada vez gozaba de más importancia.

Se organizó un acto castrense, el 24 de junio de este mismo año, con motivo de honrar al soldado Sebastián Alcaide Fetidier. Su entrega al servicio de la patria en estos oscuros momentos resplandeció como el sol. En ese acontecimiento resaltan las palabras de nuestro protagonista:

> *Nuestro ejército es uno de los baluartes más sólidos en que se funda nuestra esperanza de que el orden, garantía de paz, única realidad que puede conducir al progreso y a la grandeza de los pueblos, imperará en España, ya que el orden ha podido conservarse contra todos los embates y todas las conmociones, razón por la cual el verdadero pueblo español se confunde con el ejército en el santo amor al poder.*
>
> *El soldado español no hace traición a su bandera, ni vivo ni muerto, ofrendando su vida en holocausto de la patria y honrándola después cuando muere, a la bandera, si no materialmente encarnada en su propio espíritu, con el rojo color de la sangre y la amarillenta palidez de la muerte.*

Los inicios del pontificado de D. Juan en la diócesis de Burgos fueron complicados; sin duda alguna añoraba el clima de las montañas pirenaicas. El ámbito cultural y geográfico era muy distinto al de la meseta castellana.

Poco a poco, nuestro Arzobispo se fue adentrando en la nueva idiosincrasia que lo envolvía, castellana y vieja, con una intención clara: hacerse acreedor del amor del clero, el cabildo y los fieles. Publicó varias cartas pastorales extensas sobre sus pensamientos teológicos, católicos, universales; al fin y al cabo, plenas de belleza, de riqueza, además de desbordantes de una honda sensibilidad. ¡Todo un modelo de emotividad!

Benedicto XV depositó en él toda su confianza. La tarea de transformar el modesto Colegio de Ultramar y Propaganda Fide en una nueva institución eclesial al nivel de otros grandes seminarios nacionales de misiones extranjeras fue una de las muchas labores encomendadas por el Papa a nuestro protagonista. Sin lugar a dudas, tembló de emoción cuando llegó a sus manos una carta, «Letras apostólicas personales», escrita de puño y letra por el Papa, donde le encomendaba esta y otras tareas.

Desde el primer momento tuvo muy claro algo, fundamentar teológicamente la gran obra del Seminario Nacional de Misiones Extranjeras era algo prioritario, pues era inmensa, además de un principio fundamental del amor a los demás, su obra.

Grandes días de gloria estaban llamando a la puerta de la vida del Arzobispo de Burgos. En las celebraciones por el centenario de la Catedral, se vio cobijado por la presencia de los reyes de España, el Gobierno de la nación, diputados, senadores…

Tanta alegría fue cubierta por lágrimas de honda tristeza: su padre, D. Juan Bautista Benlloch y David, falleció. Las lágrimas fueron incontenibles para el prelado Benlloch, por su corazón pasaron centenares de momentos vividos con su progenitor, y el 21 de enero de 1921 celebró el sepelio por el eterno descanso de su alma, rodeado de familiares y amigos. Tenía un ángel más en el cielo.

Los buenos momentos también llegaron, y en marzo de 1921 Juan Bautista Benlloch y Vivó es elevado al cardenalato.

VIII

Juan Bautista Benlloch y Vivó, elevado al cardenalato

La muerte de D. Juan Benlloch y David, padre de nuestro querido protagonista, sumergió al Arzobispo de Burgos en días de luto y pena. Al volver a su diócesis tras un viaje a la capital de España, encontró al hombre que le dio vida agonizante. Desde ese mismo momento no se separó de su lado. Al fallecer su progenitor no pudo presidir los oficios de las honras fúnebres por encontrarse indispuesto, se quedó en el palacio solo, rezando por el eterno descanso de su alma. Precisaba reponerse, sin duda alguna; esta última pérdida había dañado su corazón, y estar con Dios, consigo mismo, recapacitar era la profilaxis necesaria para volver a ser un hombre empático y activo.

Los sentimientos de pésame y continuos mensajes de condolencia fueron constantes. Las autoridades de Burgos, sus antiguos obispados, hermanos obispos de toda España, numerosos sacerdotes y fieles de la diócesis, además de diferentes miembros de la familia real española, lo llenaron de mensajes emotivos al extremo, donde expresaban su compañía en la pena tan grande por la cual estaba navegando.

Un mes después del hecho luctuoso de la muerte de su progenitor, el Arzobispo de Burgos quiso manifestar a todos y cada uno de los que estuvieron a su lado en su dolor y su soledad inmensa su más profundo agradecimiento. Escribió una carta respuesta en el *Boletín* del arzobispado, plena de emotividad, donde invocaba una especial bendición para todos sus compañeros en la tristeza.

El prelado burgalés no podía imaginar algo: pocos días después, tuvo lugar una de las jornadas más felices y memorables para él. El *Boletín Eclesiástico* publicó:

> *Nuestro Excmo. Sr. Arzobispo es creado Cardenal. Con gran júbilo hemos de comunicar al venerable clero y fieles de esta archi-diócesis que nuestro Sr. Arzobispo ha sido elevado a la eminente dignidad de Cardenal de la Santa Iglesia Romana…*

El santo padre Benedicto XV amaba a España, tenía muy buenas relaciones con S. M. el rey Alfonso XIII, quien probablemente medió dando los mejores informes sobre el Arzobispo de Burgos. La elevación a la dignidad cardenalicia de monseñor Benlloch no sorprendió en los medios eclesiásticos, ni tampoco en los círculos políticos.

La vida del Arzobispo de Burgos estaba plena de hechos fácticos, bastante infrecuentes. Su biografía indicaba sin lugar a dudas que estaba destinado a formar parte de las más altas jerarquías de la Iglesia.

D. Jaime Viladrich, gobernador eclesiástico, en su alegría, tachó como incompleta la noticia del nombramiento del Cardenal Benlloch. Incluso la adjetivó de lacónica. Ante todo lo cual, explicó el ceremonial pormenorizadamente.

Las campanas vuelven a sonar con alegría anunciando a la diócesis entera las buenas nuevas. ¡El Arzobispo de Burgos era

Cardenal Presbítero! Existen tres órdenes de cardenales en la Iglesia Romana: los obispos titulares de las diócesis suburbicarias de Roma, los presbíteros, residentes en sedes fuera de la Ciudad Eterna, y los diáconos, con oficios en la curia romana. A estos dos últimos se les asigna una iglesia en Roma, aunque sea a título honorífico, y a Juan Bautista Benlloch y Vivó se le otorgó el título presbiteral de Santa María in Ara Coeli, una de las basílicas más insignes, edificada en la cima del monte Capitolio en Roma. Un templo con historia. Originariamente fue llamada Santa María in Capitolio, en honor al sitio donde estaba ubicada, pero más o menos en el siglo XIV fue rebautizada. Una iglesia con pasado, asentada en el lugar donde había una abadía bizantina y, tras ser tomada por el papado en el siglo IX, fue entregada a los benedictinos, y luego, por una bula papal, a los franciscanos, con quienes adquirió su aspecto románico-gótico. Es dueña de frescos del siglo XIV, y otro de sus rasgos espléndidos es su techo de madera, el pavimento estilo cosmati. Esta iglesia también era famosa por albergar una talla de madera de olivo del niño Jesús, proveniente del Huerto de Getsemaní. Reliquias de santa Elena, madre de Constantino el Grande, tienen allí su hogar. Es relicario de cuerpos como el del papa Honorio IV… Todo un honor ser presbiteral de una basílica con siglos de vida para contar.

La noticia tras celebrarse el consistorio dio trabajo a realizar con prontitud y el conde de Alulfi, guardia noble, además de enviado especial de Su Santidad como correo de gabinete, salió de Roma inmediatamente después de celebrarse el concejo, siendo portador del billete y solideo rojo a entregar solemnemente el día 13 en la santa iglesia catedral. Añadió, por supuesto, que «en tiempo oportuno recibiría de manos de Su Majestad, el rey

Alfonso XIII, la birreta cardenalicia y, más tarde, el capelo de las augustas manos del papa Benedicto XV».

La noticia de la elevación a príncipe de la Iglesia del Arzobispo de Burgos saltó a diferentes medios de comunicación. Directores de periódicos de Madrid, Barcelona y, cómo no, de la cuna que lo arrulló, su amada Valencia, se hicieron eco de la noticia expandiéndola poco a poco por todo el país.

El 25 de febrero, el nuncio de Su Santidad en España comunicó al reverendo D. Juan Bautista Benlloch y Vivó oficialmente, de parte del Sumo Pontífice Benedicto XV, la fecha del consistorio secreto, datada el 7 de marzo próximo, cuando oficialmente sería creado Cardenal de la santa Iglesia romana.

El palacio arzobispal se llenó de gente deseosa de felicitarlo. De la España de las flores, esta Valencia de mil colores, llegaron familiares y amigos. El Cardenal Benlloch los recibió a todos. Apenas pudo descansar, pues de su mente no salían sus obligaciones como Arzobispo de Burgos, y se acercaban los actos de conmemoración del VII centenario de la Catedral, siendo su preparación algo prioritario. En ellas implicó a altas autoridades de la nación y también, cómo no, a Sus Majestades, don Alfonso XIII y doña Victoria Eugenia de Battenberg.

Es preciso destacar algo, con el ascenso a Cardenal del Arzobispo de Burgos no se pretendió básicamente honrar a la diócesis; esta no era cardenalicia, no gozaba de excesiva fuerza como, por ejemplo, Toledo. Esta última era primada. Juan Bautista Benlloch y Vivó es designado Cardenal por méritos propios. Una carrera meteórica perfectamente reflejada con su sello en cada uno de los sitios donde ejerció, por todo lo cual Benedicto XV lo deseaba a su lado.

El día 7 de marzo se celebró el consistorio secreto, con la solemnidad de costumbre. El Romano Pontífice tomó la palabra, congratulándose de ver reunido al Sagrado Colegio Cardenalicio, y tras hacer una pequeña alocución, lamentándose del estado del mundo, de la precariedad provocada por las guerras, invocando al Espíritu Santo para traer la paz a la tierra, ¡tan necesaria!, comenzó el ceremonial.

Anunció la creación de seis nuevos cardenales y nombró al primero, D. Juan Bautista Benlloch y Vivó, Arzobispo de Burgos. Terminada la ceremonia se preparó la entrega de los breves solideos rojos y birretas a diversos ablegados, quienes debían llevarlas a sus destinos; uno de ellos era Burgos, España.

En esa diócesis de Castilla había sido nombrado algún Cardenal, como Fray Gregorio María Aguirre, pero de eso hacía algo más de dos décadas, lo cual había caído en el recuerdo en muchos sectores de la sociedad burgalesa.

El emisario papal viajó a Burgos. Su llegada se anunció por todos los sitios de la diócesis. Diferentes miembros del poder civil, eclesiástico, militar, judicial… acudieron a la estación de trenes a recogerlo, recibiendo con vítores y aplausos al correo de Su Santidad.

Tras las oportunas presentaciones y protocolarios saludos, la comitiva se dirigió al palacio arzobispal. Su excelencia lo esperaba en el salón del trono. Recibido el ablegado, los acompañantes se retiraron y ambos pasaron a las habitaciones particulares.

La elevación al cardenalato consta de tres ceremonias: la primera tuvo lugar en Burgos; la segunda, con la debida imposición de la birreta cardenalicia, tendría lugar en Madrid, en el Palacio Real, y la tercera, en Roma. En esta última, Su Santidad el papa Benedicto XV le impondría el capelo cardenalicio.

Gente de diferentes lugares de España y, cómo no, de su querida tierra natal acudió a las distintas celebraciones. Amigos y familiares, como mi tatarabuelo, Salvador Vivó Cervera, y su hermano José, orgullosos de ser primos hermanos de este insigne personaje de la Iglesia, a quien se le estaba llenando de honores y reconocimientos.

Al finalizar cada uno de los actos, el Cardenal Benlloch, con un breve discurso en castellano, agradeció al Papa manifestando no sólo su bondad y la de Su Majestad Alfonso XIII ante tal distinción, la cual creía no merecer, pero que aceptaba gozoso, para gloria de Dios…

De camino al Palacio Real para el segundo de los acontecimientos, tuvo tiempo de reflexionar cautelosamente. El cansancio posterior a las grandes emociones lo invadió. Rememoró momentos difíciles vividos en sus anteriores episcopados y dio gracias al cielo, pues ahora era todo distinto: había sido nombrado Cardenal por méritos propios. Las once de la mañana del día 17 de marzo, un momento inolvidable para el Cardenal Benlloch, pues empezó la ceremonia de imposición del birrete cardenalicio. Una celebración elegante y fastuosa. La nobleza deseaba honrar a los nuevos príncipes de la Iglesia.

Aunque lo verdaderamente importante era la imposición de la birreta cardenalicia a los nuevos purpurados, recibida de manos del rey Alfonso XIII, en un momento muy puntual de la ceremonia el ablegado pontificio leyó las siguientes palabras:

El nobilísimo encargo, que me confió el Sumo Pontífice a traer
a vuestra sagrada Majestad Católica las insignias de la altísima
dignidad otorgada al Ilmo. Señor Don Juan Bautista Benlloch y

*Vivó, dignísimo arzobispo Benlloch, me ha llenado de honor y
de alegría.*

*Honor y alegría ya que he de presentarme a un rey cuyo trono
está unido con la Santa Sede con vínculos seculares y estrechos de
singular amor y fidelidad.*

El ablegado hizo especial mención a los méritos y virtudes
sacerdotales, además del celo voraz en la salvación de las almas,
denominativos aplicables a la personalidad del Arzobispo Benlloch, unidos, por supuesto, a sus dotes de gobierno.

La ilustre ciudad de Burgos, capital del antiguo reino de
Castilla, gozó y se regocijó de júbilo y entusiasmo. De la misma
manera lo vivieron los fieles de la archidiócesis, al observar al
nuevo purpurado, al contemplar a su amado prelado condecorado
con las insignias de príncipe de la Iglesia romana y miembro del
sacro colegio de cardenales.

Previamente había acontecido un momento de cuento, algo
inolvidable para el recuerdo. El Arzobispo de Burgos se adelantó
hacia Su Majestad, quien, bajando una grada del trono, colocó
la birreta roja sobre la cabeza del ilustre y sabio Arzobispo. Tras
ese acto protocolario, el Rey y el nuevo Cardenal se fundieron
en un doble abrazo. Una cena de gala puso el broche final a una
jornada forjada a fuego lento, donde el ya príncipe de la Iglesia,
Juan Bautista, había dejado su sello.

En Burgos le prepararon un recibimiento por todo lo alto,
como corresponde a una figura de la talla del Cardenal Benlloch.
Al bajar del tren, nuestro protagonista se encontró con un recibimiento suntuoso, las campanas volteaban cantando con alegría su
llegada a la diócesis, las calles estaban adornadas con colgaduras

y guirnaldas y una alfombra estaba extendida por el andén de la estación de ferrocarril.

Acompañado de autoridades, de todos los sectores de la sociedad burgalesa, civil, militar, eclesiástica, docente…, la comitiva se abrió paso entre la muchedumbre que vitoreaba feliz, y emprendieron marcha hasta llegar al templo catedralicio.

Al llegar a la puerta del Sarmental, también conocida como puerta Sacramental, la cual, al igual que la mayoría de los elementos arquitectónicos de la Catedral de Burgos, está condicionada por el desnivel del cerro en el que se construyó, por todo lo cual es necesario salvar una pronunciada escalinata para acceder a la misma. El Cardenal Benlloch debió sentir algo especial cuando cruzó su umbral, donde había tomado posesión dos años antes. Recuerdos de todo lo vivido, de sus padres… bombeaban su corazón mientras bendecía a sus fieles.

Al regresar al palacio, cansado, exhausto, se le rindieron honores de ordenanza, los más altos dentro del cuerpo militar. Su Eminencia revistó las tropas y estas desfilaron ante el nuevo príncipe de la Iglesia. El público no cesaba en sus aclamaciones.

Ya en el palacio tuvo lugar una recepción brillantísima, donde desfiló Burgos entero. Sin duda, al apagarse los cánticos, las luces, al dejar de sonar la música, Su Eminencia se sintió desbordado. La soledad hizo brotar la necesidad de pensar, de estar consigo mismo. Sus reflexiones lo llevaron a conclusiones tan reales como que su vida era activa, sin dejar un lado contemplativo. Era un cardenal trabajador, pleno de amor a los demás, y su vida la había guiado ese mandamiento divino de «ama al prójimo como a ti mismo». Unas lágrimas de emoción cayeron por sus mejillas, siendo preludio del sueño más hermoso y reparador.

Recuperó sus fuerzas, Turia desembocando en el Mediterráneo. El Cardenal Juan Bautista Benlloch y Vivó, trabajador del Seminario Nacional de Misiones Extranjeras.

IX

El Cardenal Juan Bautista Benlloch y Vivó, trabajador del Seminario Nacional de Misiones Extranjeras

El Seminario Nacional de Misiones Extranjeras fue, hasta cierto punto, un encargo pontificio. Benedicto XV era conocido como el papa de las misiones, eso no debemos olvidarlo. En una carta de estilo coloquial y sencillo, ruega al Arzobispo de Burgos fomentar el colegio fundado para el Servicio de las Misiones Extranjeras.

Sin lugar a dudas, la mejor exégesis de la misma la hace el propio destinatario:

Leedla y releedla, venerables hermanos, amados hijos, inclinando vuestras cabezas y doblando vuestras rodillas para recibir la apostólica bendición y besadla después con la efusión y el cariño con que los hijos leen y besan las bendiciones misivas de sus padres; ponedla en vuestra frente, como señal de reverente, absoluta e incondicional aceptación… para prometer vuestra más decidida cooperación a tanto caritativo mandato del Pastor Supremo.

A Benedicto XV le devora el corazón el celo por que llegue la luz del Evangelio y la voz del ministerio pastoral a tantas almas redimidas por el Divino Salvador; a costa de tantos sufrimientos y de tan cruel e ignominiosa muerte…

Nuestro protagonista era un hombre muy reflexivo, gozaba al recapacitar, al meditar, al reflexionar. Al mismo tiempo era perfectamente consciente de otra de sus grandes virtudes, la empatía. A León XIII lo denominó por su obra como el papa de la luz del cielo, y Benedicto XV era el sol de la misericordia y de la caridad en la Iglesia católica.

Burgos es, sin dudarlo, un punto de referencia obligado a conocer para entender la historia de la respuesta misionera del siglo XX. Desde el primer momento del nacimiento del sencillo Colegio de Ultramar y la gran obra del posterior Seminario de Misiones, ambas instituciones contaron con el apoyo y entusiasmo de los prelados, del clero, del pueblo creyente de Burgos y su archidiócesis. Esta última hizo una labor inolvidable a través del Seminario Nacional de Misiones Extranjeras y Propaganda Fide. Todo ello va fuertemente anudado a la figura del Cardenal Benlloch y del canónigo Gerardo Villota.

En la biografía del Cardenal Benlloch hay algo profundamente llamativo, y es su escasa producción pastoral escrita. En ese sentido, su vida está plantada con siete naranjos distintos, los cuales, en esos siete años de Burgos, fructificaron tan solo en cuatro cartas pastorales, lo cual no es una gran cantidad. Eso sí, sus estudios son auténticos tratados teológicos, extensos, profundos y fuertemente cimentados. Un siglo después, siguen teniendo un valor iluminador y constituyen auténticos faros de fe.

En uno de sus escritos, eligió como tema la carta autógrafa remitida por el Papa, de la cual hemos hablado unas líneas atrás, donde Benedicto XV decía también:

Es nuestro deseo que uno de los proyectos que con más entusiasmo acaricies sea el procurar, por cuantos medios estén a tu alcance, que, dentro de los muros de Burgos, se formen aptos para el caso, jóvenes escogidos del clero que se sientan llamados por Dios para evangelizar a los infieles.

D. Gerardo Villota había fundado el Colegio de Ultramar, el cual ya había realizado una exhaustiva labor en favor de las misiones extranjeras. Para el Arzobispo de Burgos esas líneas se convirtieron en la orden más hermosa, pues suponían la evangelización del mundo.

Juan Bautista Benlloch y Vivó estaba feliz. Esa misión de conversión del paganismo amarró el corazón de este sacerdote, quien dejó su sello en la historia eclesiástica con diferentes acciones inolvidables, como en cada uno de los cargos desempeñados por él, ¡incluso como príncipe de la Iglesia! El distintivo Benlloch y Vivó quedó fuertemente marcado.

Arduo y voraz se puso a trabajar, perfectamente consciente de ser capaz de conseguir hacer sentir la necesidad de evangelizar. Invitó a sus fieles a mirar y abarcar en plenitud el grandioso panorama de las misiones, exponiendo una causa firme para comenzar a ejercer esa labor plena de amor: ¡Dios! Además de fe y gratitud, bases para comprender el programa misional a exponer por Juan Bautista Benlloch. Son palabras de nuestro querido Arzobispo de Burgos:

¿Por qué, pues, a fuer de agradecidos, no hemos de querer tras-plantar a otros pueblos este germen fecundo de grandeza personal y nacional, que, como transformó la España pagana y esclava en la España católica y señora, ha de regenerar y elevar ella otras naciones envueltas hoy en las sombras de la muerte?

La primera carta pastoral del Arzobispo de Burgos llevaba por título la misión de la Iglesia. El prelado presupuso la lectura de la misma por parte de clero y fieles, además de, por supuesto, el encargo pontificio. Ante todo lo cual, vaticina la eficaz cola-boración de la diócesis, ante el caritativo mandato del Supremo Pastor. No lo olvidemos, Benedicto XV fue llamado el papa de las misiones.

El Arzobispo de Burgos se sentía muy alegre, reconoció la gran obra del canónigo D. Gerardo Villota. Además, estaba or-gulloso por poder convertir en el naranjo más fértil esa semilla plantada por aquel virtuoso sacerdote.

El Santo Padre utilizó el halago para conseguir de España, a través de Burgos, para convertir esa semilla, la del Colegio de Ultramar, en un árbol frondoso, pleno de abundantes frutos. Todo lo cual sirvió para que el prelado burgalés reforzara su autoridad con los deseos del Santo Padre.

Una frase amada por nuestro querido Arzobispo de Burgos fue: «Id por todo el mundo y predicad el evangelio por todas las naciones».

San Pablo es para él todo un referente en la misión encomen-dada por Benedicto XV. Al Santo lo presenta como el misionero de «la gentilidad» más grande de todo el mundo, por eso se le conoce como el apóstol de las gentes. Benlloch fue un misionero teórico, pero al mismo tiempo recorrió dos continentes, luego también fue práctico.

Los ejércitos misioneros de Cristo deseaban un gran seminario. El Arzobispo de Burgos volvió a hacer referencia al Santo Padre, en su deseo de la formación de la institución, con la intención de la predicación de la fe a todos los pueblos.

El cuerpo del seminario lo visualiza con una capilla dedicada al Corazón de Jesús, dos inmensas vidrieras llenas de luz, una biblioteca de misiones… El alma era algo completamente diferente, los misioneros emergentes de aquí debían ser forzosamente hombres de Dios, sin patrias, sin límites… Regidos por el reino universal de Cristo.

El Arzobispo de Burgos estaba plenamente dispuesto a emplear sus mejores sacerdotes en esta labor evangelizadora, plena de amor al prójimo. No escatimó en ningún límite, ni económico ni personal. El Seminario Nacional de Misiones Extranjeras de Burgos debía ser un seminario nacional, levantado según la voluntad del Hijo de Dios y de su vicario en la tierra.

El *Diario de Burgos* hizo una gran obra promulgando la noticia, la cual poco a poco fue llegando a todas las diócesis de España. El Arzobispo deseaba fervientemente su conversión en un seminario nacional.

Las raíces del seminario datan de finales del siglo XIX. D. Gerardo Villota, íntimo amigo de Saturnino Fernández de Castro, obispo de León, se traslada con este a Burgos cuando es nombrado Arzobispo de la archidiócesis. Ambos realizan una importante concienciación misionera. Al fallecer su amigo del alma, el reverendo Villota se empleó en cuerpo y corazón en su acción pastoral misionera y, a primeros de 1890, tiene la idea de fundar un Seminario de Misiones Extranjeras. Ante el malestar político del momento se encontró con muchas oposiciones y, en su lugar, creó el Colegio de Ultramar y Propaganda Fide.

El Cardenal Benlloch, tras acoger la idea del papa Benedicto XV, puso la primera piedra e inauguró el Instituto Español de Misiones Extranjeras. Esta institución fue el Mediterráneo donde desembocó el seminario, pues se hizo independiente de la Archidiócesis.

El Arzobispo compró siete hectáreas de terreno. En el trabajo iniciado contó con la colaboración plena del clero burgalés, obispos sufragáneos y, un poquito más adelante, de todo el clero español. ¡Era una empresa nacional y patriótica!

Ante todo lo cual, el cardenal logró el patronato del rey Alfonso XIII para la institución. Era algo preciso, las palabras *España*, *unión* y *bien*, con el dogma de amor a Cristo y a los demás, brotaban de su trabajo arduo y perseverante.

El 3 de diciembre, fiesta de San Francisco Javier, patrón de las misiones, D. Juan Benlloch ejecutó el mandato pontificio. No fue un acto íntimo, *ad intra*, pues tuvo lugar en presencia del nuncio apostólico de Su Santidad en España, monseñor Ragonesi; del ministro de Gracia y Justicia, el Sr. Ordóñez, además de diferentes autoridades burgalesas y, por supuesto, de los habitantes de la localidad. Simplemente, se pretendía un naranjo más fértil y Burgos siempre estuvo al lado de ese seminario, llamado Instituto Nacional de Misiones Extranjeras.

Hubo un gran ambiente protocolario, al tiempo de un enorme aire festivo en la inauguración. Una fecha grabada a fuego lento para Burgos y España entera. El Cardenal Benlloch predicó por la evangelización de los paganos y la buena preparación de esos misioneros, quienes iban a demostrar con hechos a Cristo y la Virgen «te quiero», expandiendo su palabra.

Intentando no retardar el comienzo del apostolado español, se hizo un llamamiento a todos los sacerdotes de España, además de a cualquier persona con vocación, para ser recibidos en esta sede de Burgos. Comenzarían con profesores experimentados estudiando lenguas, algo preciso para el diálogo. Asimismo, serían educados en todo lo referente al modo de ejercer el apostolado en aquellas tierras, y los estudios serían ampliados paulatinamente.

La tarea comenzó rápidamente. En 1921 están fechados sus primeros frutos. El propio Arzobispo había manifestado, en su pastoral sobre las misiones, su confianza y firme esperanza de la respuesta ante el llamamiento hecho por él en nombre del Romano Pontífice.

Es extremadamente emotiva la respuesta de dos sacerdotes de la diócesis, quienes se titulan como curas de aldea. Los dos emiten una sincera felicitación, y uno de ellos promete una aportación económica mensual.

Los dos poderes, el eclesiástico y el secular, aplaudían la finalidad de esta última institución misionera secular española, expectativa en sus comienzos nada fácil, con una única intención: expandir la palabra de Dios Nuestro Señor. Una obra ardua, grande y transcendental, que según iban corriendo su cauce los esfuerzos enormes, gigantescos, iba creciendo. Brotaron como flores valencianas; no en vano el Cardenal Benlloch las cultivó también, virtudes como la abnegación y generosidad sin límites del clero secular, seminaristas y gran parte del pueblo español.

Las gentes colaboraron económicamente desde los inicios. Algunas familias entregaron a sus hijos, quienes sentían la vocación a esta generosa institución evangelizadora. Poco a poco se fueron detallando las condiciones de ingreso al seminario y las normas para ponerlo en funcionamiento; conforme pasaba el tiempo, eran más detalladas.

Dos años después, el Cardenal Benlloch hizo ver al clero en una charla que el proyecto, el sueño, tras mucho trabajo, se había convertido en una gloriosa realidad. El prelado escribió «Primera florescencia del Pontificio y Real Seminario Español de San Francisco Javier para Misiones Extranjeras». Los destinatarios de esta misiva eran los prelados españoles. ¡Había llegado el ansiado momento!

Con el Arzobispo de Cartagena de Indias (Colombia), Benlloch arribó enseguida la concordia; era una región de infieles, donde volaron los primeros misioneros. También se enviaron dos sacerdotes, los reverendos Marcelino Landizábal, de la diócesis de Vitoria, y D. José Gabalda, de la diócesis de Tortosa. A todo esto, lo adjetiva el prelado burgalés como la primera florescencia misional.

El Cardenal Benlloch recogió todos los pasos dados en un escrito donde hizo ver, metro a metro, los obstáculos con los cuales debieron de enfrentarse, y calificó en él de magnánimo el generoso y entusiasta apoyo del episcopado español.

Vocaciones femeninas también fueron surgiendo en esta hermosa ciudad castellana. Amparadas en el Seminario de Misiones, profesoras, enfermeras, evangelizadoras fueron enviadas a diferentes lugares del mundo.

Antes de partir, los misioneros recibían los crucifijos bendecidos por el papa Benedicto XV. No lo olvidemos, para el evangelizador, la cruz es su escudo y está plena de amor. Cristo dio su vida por nosotros.

¡Objetivo cumplido! El trabajo llevado a término, cumpliendo los deseos de Cristo y del Santo Padre, lo llenó de alegría, su conexión era muy fuerte. Sentimiento previo a la pena, pues un año después el cardenal presbítero Juan Bautista Benlloch y Vivó enfrenta la llamada de Cristo a Benedicto XV.

X

El Cardenal Presbítero Juan Bautista Benlloch y Vivó enfrenta la llamada de Cristo a Benedicto XV

Días de fiesta llamaban a la puerta. El séptimo centenario de la colocación de la primera piedra de la Catedral de Burgos llevó a la ciudad celebraciones inolvidables, colmando de felicidad a clero y fieles de la diócesis.

La Catedral Basílica Metropolitana de Santa María está dedicada a la Virgen María. Su construcción se inició en 1221, y setecientos años después seguía cumpliendo su misión, custodiando las tradiciones, el arte de siete siglos.

Los patrones góticos franceses marcaron la senda a seguir en sus comienzos. De hecho, estos sellan fuertemente el diseño de su fachada principal. Consta de tres cuerpos rematados por dos torres laterales de planta cuadrada. En el siglo XV se añadieron las agujas caladas, de clara influencia germánica, obra de Juan de Colonia.

El Arzobispo de Burgos se reunió con el cabildo para preparar la celebración. Era deseo del prelado llevar a cabo ese homenaje, el cual comienza a gestarse justo un año antes, en el verano de 1920. Comunicaron su idea a la Junta de Monumentos y, tras contar con su aprobación, se pusieron a trabajar arduamente para organizar los festejos de una efeméride memorable.

El papa Benedicto XV concedió a la seo el título de basílica menor en una bula a petición del arzobispo. De la misma manera se abrió una suscripción popular para realizar una custodia. La anterior, dedicada a la ostensión Santísimo Sacramento, había sido vilmente robada de la Catedral.

El 10 de julio de 1921, el trabajo de todos los implicados comenzó a florecer, pues arrancó el programa oficial del VII centenario con un solemnísimo septenario en honor al Santo Cristo de Burgos. Los días siguientes, concursos hípicos, exhibiciones aéreas, fuegos artificiales, corridas de toros… invadieron la ciudad.

La conmemoración del VII centenario contó con la inestimable participación de todos los ciudadanos de la localidad, fue imán de condes y marqueses, figuras destacadas de la cultura y política españolas. Además de, por supuesto, el rey Alfonso XIII. Días inolvidables, jornadas para la historia, y a todos los burgaleses orgullosos de su Catedral, los llenó de alegría. Aunque para el Cardenal Benlloch fueron el preludio de momentos muy tristes, pues Giacomo della Chiesa, el papa Benedicto XV, fue llamado por el Señor y dejó esta vida el 22 de enero de 1922.

«El Papa de la paz» nació en Génova el 21 de noviembre de 1854 y murió en la Ciudad Eterna el 22 de enero de 1922. Su pontificado comenzó en 1914 y apenas duró siete años. Una noticia sorprendente para todos quienes llevaban en el corazón a este Santo Padre velante del bienestar de sus fieles, de la propagación del evangelio y de la paz durante la Primera Guerra Mundial y sus consecuencias.

A primeros de enero del año 1922, tras haber dicho misa con las monjas de la Casa de Santa Marta, debió esperar a su conductor bajo la lluvia fría, enfermó de una gripe y esta derivó en una neumonía. El día 22 de ese mismo mes falleció. Tan solo contaba con sesenta y siete años de edad. Sus sobrinos lo acompañaron hasta el final. Con seguridad, su alma voló al cielo, y en su agonía dejó muy claro su anhelo, pues sus últimas palabras fueron: «Ofrecemos nuestra vida para la paz en el mundo».

El 2 de febrero de 1922, la Virgen de la Candelaria, once días después de que Benedicto XV dejase vacante la sede romana, se inició el cónclave cardenalicio para elegir al nuevo sucesor de san Pedro.

En ese triste momento había sesenta y un miembros en el Colegio Cardenalicio. El Arzobispo de Toledo, Enrique Almaraz Santos, inició el mismo día que el Santo Padre ese viaje sin retorno; al final del trayecto, ambos se cobijaron en el manto de la Virgen.

Tres cardenales más no pudieron asistir por problemas de salud, y otros cuatro no lograron llegar a tiempo a Roma. Hubo diferencias de opiniones entre diferentes príncipes de la Iglesia, pues algunos creían precisa la presencia al menos de un cardenal estadounidense. Otros más se argumentaron en una posible reacción grave emanante desde el pueblo de los Estados Unidos. Incluso hubo quienes se refirieron a este gran país como parte vital de la Iglesia… Consideraban calamitoso negar su participación en la elección pontífice. A su criterio, podría herir su orgullo y dignidad. Pero al final se procedió sin ellos, siendo el último cónclave totalmente europeo.

En el cónclave posterior a la muerte de Benedicto XV entraron cincuenta y tres cardenales: treinta y un italianos, cinco franceses, cuatro españoles —uno de ellos, Juan Bautista Benlloch—, tres alemanes, tres británicos, dos polacos, dos austriacos, un húngaro, un belga y un neerlandés. Cómo han cambiado las cosas desde entonces: ahora hay ciento veinte cardenales de las cinco partes del mundo, y la aviación ha hecho posible que todos puedan participar en el cónclave.

Una vez reunido, aislado del mundo, el Colegio Cardenalicio se dividió en dos claras facciones:

Una conservadora, conocida como los «irreconciliables», e integracionista, encabezada por el secretario del Santo Oficio, muy favorable a la política conservadora de Pío X.

La otra era más abierta y continuadora de la línea de Benedicto XV.

El primer día no se repartieron papeletas, se realizaron cuatro votaciones los días siguientes, dos por la mañana y dos por la tarde. Tras la decimocuarta votación, una fumata blanca anunció al mundo la elección del cardenal Arzobispo de Milán, Aquile Ratti, como Santo Padre. El cardenal presbítero Juan Bautista Benlloch y Vivó fue el valenciano más afortunado, al ser testigo en primera línea de este acto inolvidable para la historia.

Pío XI revivió la tradicional bendición pública desde el balcón central exterior de San Pedro, abandonada por sus predecesores desde la pérdida de los Estados Pontificios en 1870. Ese acto provocó inevitablemente un acercamiento con el Gobierno italiano, que culminó con los Pactos de Letrán en 1924.

En el año 1922, el papa Pío XI nombró cardenal a Enrique Reig Casanova, Arzobispo de Valencia en el año 1920. Un prelado con una historia arrebatadora, llena de unas alegrías y penas tremendas, quien demostró con hechos la posibilidad de rehacerse a sí mismo apoyado en su fe.

Comenzó sus estudios en el instituto de Játiva, donde hizo el bachillerato, y posteriormente ingresó en el Seminario Conciliar de Valencia. Tras acabar su preparación sacerdotal, fue presa de una grave crisis espiritual. Por ello, abandonó el seminario, se tituló, ejerció como abogado y contrajo matrimonio. La desgracia llegó a su vida como un huracán que asola y arranca por donde pasa, pues su esposa y su hija fallecieron víctimas de la epidemia de cólera en el pueblo de su familia, Agullent, donde se habían refugiado de la epidemia que devastaba la capital en 1895.

Su fe y amor a Dios lo ayudaron a superar dos pérdidas tan dolorosas. Volvió a su primera vocación, con una intensa y fecunda labor pastoral, apoyándose en su experiencia jurídica, rodeado de buenos amigos y colaboradores del clero local, alcanzando muy pronto importantes responsabilidades.

La tierra valenciana es fértil y tira con fuerza, demuestra su realeza llevando a la unión de corazón entre valencianos. Juan Bautista Benlloch y Vivó y Enrique Reig fueron compañeros, grandes amigos y colaboradores en sus amores. Estamos hablando de dos entusiastas de la Virgen de los Desamparados.

El 15 de octubre de 1921, el papa Benedicto XV concedió el privilegio de la coronación a la Madre de los valencianos. Era patrona de Valencia, pero su imagen no había sido coronada canónicamente. El Arzobispo de Valencia, Enrique Reig, fue el impulsor de la idea, y nuestro protagonista se volcó ayudándolo.

El manto de la Virgen de los Desamparados los envolvió a los dos, se hicieron grandes amigos, compañeros de fatigas, se ayudaron mutuamente aportando ideas desde el diálogo serio a la vez que distendido. Juan Bautista tenía muchos contactos en diferentes sectores del poder español y movió cimientos para tenerlos a su lado, venerando a su advocación más amada en un acto inolvidable, la coronación de la Virgen de los Desamparados.

XI

El Cardenal Juan Bautista Benlloch y Vivó. La coronación de la Virgen de los Desamparados

La jornada ha empezado con un sol reluciente, el cual demuestra su fortaleza y realeza siendo cada vez más potente. Hoy es un día grande, 2 de agosto, la Virgen de los Ángeles, y ese maravilloso fenómeno astronómico, habitante del cielo, tiene derecho a relucir cada vez más potente. Hoy la mañana promete.

En quince días cumpliré cincuenta y un años. Estudié leyes y piano clásico. A veces es necesario comprender para memorizar, razonar y dialogar sobre el tema abordado. El derecho canónico me enamoró, en todas sus áreas legislativas, burocráticas, jerárquicas, artísticas, monumentales… El libro del reverendo Antonio Molina voló entre mis manos, encontré calor y aclaraciones, además de coherencia en todas sus letras.

A las once de la mañana he quedado con un sacerdote muy importante en mi vida, D. Jaime Sancho Andreu, canónigo emérito de la Catedral de Valencia, además de director de patrimonio artístico de la misma. Mi Padre Espiritual lleva a mi lado treinta y dos años. Cuando lo conocí era celador del Santo Cáliz, hace seis años ejerció como rector de la Real Basílica de la Virgen de los Desamparados y ahora goza su esfuerzo y trabajo la bella seo valentina.

A las 10:15 el autobús para en la plaza de La Reina. Cuando quedo con mi mentor eclesiástico siempre procuro llegar unos minutos antes, me encanta gozar la Valencia canónica, dar un paseo hasta la Basílica, donde está enterrado mi antepasado, el Cardenal Juan Bautista Benlloch y Vivó, pasear por los alrededores de la Catedral, gozar de la maravillosa vista que ofrece el palacio arzobispal de Valencia…

Paseando, llego hasta la puerta de Los Hierros de nuestra amada seo. Según voy recorriendo metros, la figura de un hombre alto, fornido, rubio que está de espaldas a mí se va haciendo más familiar, y de mis labios brota una satisfactoria y dulce sonrisa al percatarme de la presencia de mi buen amigo Vicente Ibor. Al llegar a su altura, le tapo los ojos diciendo:

—¿Quién soy?

Y para mi sorpresa, él toma mis brazos mientras nos fundimos en el abrazo más dulce y entrañable, pues su respuesta es resolutiva y alegre:

—¡Mi Ali!

El cariño verdadero flota en el aire. Hace tiempo nuestra intención era quedar, pero las numerosas obligaciones de mi querido Vicente, quien compagina el ejercicio de la abogacía con el cargo de secretario del comité de derechos y garantías y la presidencia del comité ético del Partido Popular de la Comunidad Valenciana, estaban haciendo ese encuentro extremadamente difícil, pero Dios desde el cielo nos lo ha regalado.

—Mira, han suspendido a última hora una reunión en la Generalitat y no lo he dudado. He venido a regocijarme en tanta belleza valenciana. ¡Esta puerta es hermosa!

—Es la más moderna de las tres de la Catedral, uno de los pocos ejemplares del barroco arquitectónico italiano en España. ¡Fíjate! Su planta es ondulante y mide más de treinta y seis metros de altura.

—¡Jolín, Alicia! Estás muy puesta en el tema. Me estás dejando asombrado.

—¡Je, je, je! No te lo he dicho, pero he quedado con mi Padre Espiritual esta mañana. Estoy investigando la vida de mi antepasado, el Cardenal Benlloch.

—Tú siempre amando la historia de Valencia.

—Bueno, es interesante. Además, en Juan Bautista Benlloch y Vivó se juntan dos cauces, la iglesia y la huerta, ambos en esplendor.

Durante unos minutos más nos quedamos observando la realeza de la puerta de Los Hierros, mientras le hago a mi querido acompañante algunas reflexiones interesantes:

—Fíjate en las columnas, los capiteles son corintios y los fustes están decorados. Mira esas dos esculturas, con el bajo relieve de la entrada. ¡Llaman la atención! Es el anagrama del nombre de María elaborado en bronce y venerado por dos ángeles, obra de Francisco Vergara.

—Has aprendido mucho.

—Mira, algo sabía, no te voy a mentir, pero ¿te acuerdas de la cita que he concertado dentro de media hora?

—Sí, con tu Padre Espiritual. Siempre me has dicho que lo quieres mucho.

—¡Ja, ja, ja! ¡Como para no quererlo! Este año son treinta y dos los que lleva soportando mi curiosidad; lo conocí con diecinueve años y su hombro ha sido una constante en mi vida. Tú lo sabes, he pasado momentos muy difíciles y siempre he tenido su apoyo. Es amigo, Padre Espiritual. ¡En fin! A lo que íbamos. Su última obra se llama *La Catedral de Valencia. Nueva guía histórica y artística.*

—Vámonos a tomar un café. Nos da tiempo.

—¡Vale! Al fin y al cabo, estaba pendiente desde hace muchos meses —le digo sonriendo, mientras le paso la mano por la espalda en señal de agradecimiento, y él me toma por los hombros.

Sentados en la terraza, saboreando el dulce aroma del café recién molido, sigo hablándole de la majestuosidad de una obra literaria maravillosa, sensible a la vez de académica, dedicada a conocer los secretos de ese museo del arte valenciano, la Catedral.

—Me encantaría conocer a D. Jaime, Alicia.

—Es fácil que lo veamos pasar en unos minutos. Es muy puntual y le encantará conocerte también.

Pasado poco tiempo, mientras nos encontramos envueltos en una charla sobre la profesión más desprendida, la paternidad, tal cual esperaba, D. Jaime Sancho hace su entrada.

Tras presentarlos, la Virgen de los Desamparados me hace el regalo de ver a dos señores a quienes quiero mucho dándose un fuerte apretón de manos.

Soy una mujer muy empática, me mantengo feliz y en silencio mientras D. Jaime se sienta con nosotros tras la invitación de Vicente y brota entre ellos una mutua complicidad.

—Alicia me ha estado hablando de su libro. Un tema extremadamente interesante. Lo leeré, no le quepa duda.

—Quiero tu opinión sobre el mismo. Solamente he pretendido dar a conocer el pasado y la magnitud de este sello de la historia de Valencia. Lo realizado en los años transcurridos desde el comienzo de su construcción, sus capillas, el porqué de muchos temas desconocidos… En fin, ni más ni menos, hablo de la Catedral de Valencia.

—Se la haré saber, no le quepa duda. La historia es muy importante, conocerla es necesario para evolucionar correctamente, no volver a cometer los errores acontecidos y mejorar lo bien vivido.

—Efectivamente. Mira, Alicia está como loca buscando, escarbando, desenterrando, buceando datos de la vida del Arzobispo de Burgos

—¿Del Arzobispo de Burgos, Ali?

—Sí, D. Jaime te está hablando del Cardenal Benlloch. Cuando falleció era Arzobispo de Burgos y Cardenal de Roma. Un antepasado ilustre el mío.

—¿Qué te une a él?

—Era primo hermano de mi tatarabuelo. El cardenal tuvo dos hermanos, el varón también fue sacerdote y la niña abrazó los hábitos. Te quiero decir con esto, Vicente, que somos sus descendientes más cercanos.

—Por cierto, Alicia, debemos iniciar el camino —explica mi profesor favorito—. Es largo.

—¿Qué van a ver? Me encantaría acompañarlos.

—Pues nada, únete al *tour*.

Los tres iniciamos el trayecto hacia la Real Basílica de la Virgen de los Desamparados de Valencia. A los pies de su amada advocación descansa en paz el Cardenal Benlloch, es una parada precisa, además de tremendamente emotiva.

Llegamos a la plaza de la Virgen y nos quedamos quietos delante de los dos templos, la catedral y la basílica, gozando de una vista calificable de divina. Uno de los enclaves más significativos del casco histórico de la ciudad. Tras unos minutos entramos en el recinto y D. Jaime señala orgulloso la tumba de mi antepasado.

Valenciano, entusiasta de la Virgen, descansa donde deseó, a sus pies. La lápida es de mármol, espejo de una vida con momentos inolvidables, sellados en la historia del mundo. Valencia entera sintió su defunción de corazón.

Mi buen amigo y yo nos santiguamos instintivamente e, inevitablemente, me emociono. Mi querido Vicente, un hombre también tremendamente empático, se percata de mi sentimiento y aprieta mi mano inyectando cariño y apoyo en mí.

Mientras nos encaminamos hacia las escaleras que suben al camarín, gozamos la maravilla del cielo a nuestra vista. *Gloria,* pintada por el gran maestro Antonio Palomino en el año 1701. Esos balcones sitos alrededor del interior de la basílica permiten ver el firmamento más celestial. Ya en el camarín, nuestro corazón vuelve a latir con fuerza al sentirnos tan próximos a la reina de los valencianos, nuestra amada Virgen de los Desamparados.

Y bajamos al Museo Mariano. Allí nuestros ojos tropiezan con ese hermoso manto de la coronación, carteles anunciadores del evento, una placa donde se reseña el centenario de la coronación de la Madre de los valencianos y fotografías interesantes, además de profundamente emotivas. Reflejan la emoción y alegría inmensa de Valencia entera. Otro recuerdo de aquellas celebraciones es una corona de laurel de plata, en memoria del popular e inmortal músico valenciano, el maestro Giner, que ofreció la Sociedad el Micalet en su visita a la sagrada imagen recién coronada.

En varias de ellas distingo al Cardenal Enrique Reig Casanova y a mi querido antepasado. El Cardenal Reig fue el impulsor de la idea de la coronación de la Virgen de los Desamparados.

El Arzobispo de Burgos nunca olvidó la tierra donde vio por primera vez la luz del día, era una catarata de amor hacia esta advocación tan nuestra. Ambos ilustres valencianos fueron grandes amigos, trabajaron codo con codo y consiguieron su objetivo. Sin duda alguna, la relación de Benlloch con la familia real y con el cardenal español Merry de Val, arcipreste de la Basílica de San Pedro de Roma, fue decisiva.

La imagen no había sido coronada canónicamente pese a ser patrona de la ciudad, y el 12 de mayo de 1923 tuvo lugar la ceremonia en nuestro precioso Puente del Real.

Durante los días repletos de actos que siguieron a la coronación, el Cardenal Benlloch tuvo un gran protagonismo, ofició dos pontificales y el trisagio mariano en la Catedral, predicó en presencia de los reyes el 13 de mayo, pronunció otros sermones además de un discurso en el Congreso Mariano.

También participaron en estos actos varios prelados importantes de Valencia o de las diócesis sufragáneas, como los obispos de Cádiz, Segorbe, Orihuela, Vich, Oviedo y Marruecos.

El periódico *Las Provincias*, muy ligado a mi vida, pues mi padre comenzó a trabajar allí a los catorce años y llegó a ser su jefe de rotativas, recoge con todo tipo de detalles el acto, y me hundo feliz en ellos, pues soy una amante de la letra impresa y la historia de Valencia. Es una frase muy mía decir: «Soy valenciana y llevo la tierra en las venas, pero el papel y la tinta en el corazón». Yo misma llegué a trabajar en ese diario decano de la región valenciana.

Más de cincuenta mil personas se juntaron para honrar a la Patrona en el triángulo formado por la bajada del Puente del Real, la plaza del Temple y la de Tetuán. La crónica comenzó diciendo:

> *Vibra aún en nosotros, cuando nos ponemos a reseñar el acto*
> *grandioso sin igual de ayer, la emoción más intensa, más avasalladora*
> *y más dulce a la par que jamás recordamos haber experimentado.*

La corona, obra del orfebre José Sugrañes, fue confeccionada con donaciones de joyas realizadas por los fieles valencianos. Esta desapareció el 21 de julio de 1936, en el comienzo de aquella cruenta Guerra Civil, y descendientes de este artista confeccionaron otra nada más llegar la paz.

Valencia esperaba impaciente este acto de amor a la Madre. Las calles estaban engalanadas, tal como correspondía, por todo lo alto. La ciudad entera cubrió de adoración a la Virgen. Flores, aclamaciones de cariño y piropos constantes la custodiaron.

Los reyes de España asistieron al acto. El entonces alcalde D. Juan Artal entregó la corona al cardenal arzobispo de Valencia, quien procedió a la coronación, mientras sonaban las veintiuna salvas de honor de los cañones del Regimiento de Artillería y los compases de la *Marcha real*.

Ese día inolvidable para la historia valentina, los valencianos regalaron a la Virgen de los Desamparados una pieza de música, el *Himno de la coronación de la Virgen de los Desamparados*. Este sonó por primera vez en ese momento, con un coro de más de mil quinientas voces. Actualmente todavía se canta en días y actos señalados. El Cardenal Reig y el Cardenal Benlloch temblarían al escuchar en la lengua más dulce, la nuestra, la devoción inmensa de los valencianos a la Madre y cómo se amparaban en su manto.

Todos los sacerdotes allí presentes eran conscientes de la importancia del acto al cual estaban asistiendo. La coronación canónica es uno de los ritos católicos usados para resaltar la devoción por una advocación mariana. ¡La Virgen de los Desamparados ya era Reina de Valencia! ¡Un día para el recuerdo!

Probablemente, en esos momentos, Juan Bautista Benlloch y Vivó, cardenal, arzobispo de Burgos, nacido en la España de las flores, esta Valencia de mil colores, compuso esta oración que reluce en una de las paredes de la Real Basílica:

Mare de Deu dels Desamparats
que mai mos desampareu,
ni en la vida ni en la mort,
ni en lo Tribunal de Deu.

En español significa:

Madre de Dios de los Desamparados
que nunca nos desampares,
ni en la vida ni en la muerte,
ni en el Tribunal de Dios.

Nuestro querido protagonista la rezó en repetidas ocasiones y, con total certeza, por la importancia de la misión encomendada, cuando inició el viaje oficial a Hispanoamérica.

XII

El Cardenal Juan Bautista Benlloch y Vivó, viaje a América

El mundo de la prensa, en febrero del año 1923, tuvo las primeras noticias del trayecto iniciado por el Cardenal Benlloch a esas lejanas tierras, ante lo cual el *Boletín Oficial del Arzobispado de Burgos* se pronunció diciendo:

> *No ha pasado semana sin que periódicos de los más distintos matices hayan hablado de la preparación, proyectos, fechas y trascendencia del viaje del cardenal español, eminentísimo Sr. Benlloch, arzobispo de Burgos, a la floreciente República de Chile.*

La noticia estaba narrada de una manera muy sucinta, escuetamente. Los periodistas no habían podido obtener explicaciones completas del plan a seguir en dicho trayecto, que además se fue ampliando. La preparación fue compleja, una parte de esa travesía tenía cierto carácter diplomático. Alfonso XIII, rey de España, tenía una buena amistad y plena confianza en nuestro protagonista, tal vez ese fuera el motivo de tan importante encargo.

La idea del viaje a Chile brotó por la Comunidad de Padres Mercedarios. Tenía una hermosa iglesia, la cual acababa de obtener del papa Pío XI la dignidad de la elevación de dicho templo a basílica menor, ligada de un modo especial a las iglesias y al obispo de Roma, con el título de la Merced, y con ella acontece un suceso de esa envergadura en Chile por primera vez. El embajador de España en Chile hablaba de ella diciendo: «Es un hermoso templo fundado por españoles».

El primitivo templo de la Merced en Santiago de Chile se edificó en el siglo XVI. Los terremotos, tan frecuentes en esa región, lo destruyeron, de la misma manera a un segundo, siendo el actual del siglo XVIII. Los creadores de esa maravillosa joya arquitectónica se consideraban españoles. Gente tremendamente agradecida, pues no dejaba de reconocer la grandeza de la obra de España en lo que sería su patria chilena un siglo después.

Todo lo anteriormente enumerado movió a los religiosos a celebrar el acto con la mayor solemnidad posible. Las relaciones con las comunidades mercedarias en España eran muy estrechas y, en consecuencia, llegaron a la conclusión de invitar a un príncipe de la Iglesia español. El cardenal arzobispo de Burgos estaba muy preparado para ser partícipe protagonista de aquella efeméride, estando tan ligado a la propagación de la fe y motor de arranque del Seminario Nacional de Misiones Extranjeras.

Los trámites diplomáticos fueron algo del todo prioritario. Los primeros pasos se caminaron en la República de Chile, los anduvo la Comunidad de Padres Mercedarios. El ministro de Asuntos Exteriores, D. Carlos Adulete, recibió una carta exposición remitida por ellos e inmediatamente la aprobó.

Poco a poco, diferentes personalidades chilenas se fueron enterando del acontecimiento y se ofrecieron gustosas a ayudar en lo preciso. El ministro de Estado en España, D. Santiago Alba, feliz, comunicó al cardenal las intenciones venidas de

Chile, mostrándole las dos cartas del Gobierno tanto civil como eclesiástico.

Su amor a España y a la Iglesia se convirtieron en un avión bimotor. Una buena predisposición por parte de Juan Bautista Benlloch se unía al deseo por parte de nuestro protagonista de gozar del apoyo del Romano Pontífice. Y lo obtuvo.

Las Congregaciones Marianas de España habían convencido al Cardenal Benlloch para encabezar una peregrinación española hasta la Ciudad Eterna. Una vez allí pidió al Papa su parecer, deseando personalmente su beneplácito. Pío XI no solo aprobó encantado la idea, además le encargó una misión muy especial, otorgándole facultades singulares con un único deseo, los frutos de ese viaje y estancia en Chile: piedad católica y unión entre los pueblos, ¡las misiones!

Salvando algunas objeciones curiales que veían con desconfianza aquella iniciativa española, las oficinas de la Santa Sede expidieron los documentos precisos, pues podría necesitarlos en Chile, Argentina, Perú y Colombia, incluso el pasaporte vaticano. ¡Cuánta confianza depositó en mi antepasado! Me emociona el pensarlo, meditar sobre ello.

En otro orden de cosas, la visita a todos esos lugares se basaba en un fuerte ambiente diplomático. Buscaban la comunicación, la unión de los pueblos y, sobre todo, entre España y las repúblicas sudamericanas. La primera, como madre, deseaba expandir ciencia, literatura, arte…

Además, en el Cardenal Benlloch se juntaban ambos frentes, una fe inquebrantable y amor por la cultura. El purpurado fue un gran orador y la lengua ya era un irrompible nexo de unión. Todo jugaba de su parte. La prensa valenciana dio buena cuenta de los triunfos conseguidos por ese hijo de la tierra, Juan Ben-lloch. Los diarios dejaron muy claro algo de su paisano: su tacto diplomático, su claro talento y su avasalladora simpatía iban a ser afluentes desembocando en un doble servicio, la religión y España.

El viaje a Chile abría el abanico de países a visitar. El *Boletín del Arzobispado de Burgos* clarificó lo más posible las verdaderas razones del traslado allí, haciendo una honda reflexión. Lo calificó como una aventura de positiva transcendencia y de claros fines de orden religioso. De todas maneras, se debía esperar a su realización para abarcar otros posibles aspectos anudados a él. Esta gran figura de la Iglesia estaba dotada de un enorme fervor patriótico, al fin y al cabo.

De hecho, otras naciones se enteraron de la visita del Cardenal a Chile y, celosas del hecho, desearon gozar de todo lo positivo anejo a la figura del Arzobispo de Burgos. Pensaron sin ningún tipo de recelo en no restringir en ninguno de los países hispanoamericanos la presencia del purpurado. Eso solo podría regalarles amor y concordia.

La patria de Santa Rosa de Lima comenzaba la lista de países añadidos. Allí se mantenía con ardor la fe católica y además estaba unida fuertemente a España con lazos del afecto más entrañable. El Gobierno de Perú envió una invitación oficial al prelado.

El 26 de mayo de 1924, el embajador de Argentina en Madrid recibió un mandato de su Gobierno demandándole que pusiera todos los medios posibles a fin de poder recibir también allí al Cardenal Benlloch. Este elegante caballero argentino se trasladó a Burgos para invitar personalmente a nuestro ilustre prelado. Poco a poco, Hispanoamérica entera saludó y agasajó demandando en sus tierras la presencia del Cardenal Benlloch.

La hora de emprender el viaje se iba acercando y, con eso, llegaron las despedidas. La primera, en la Catedral de Burgos. La ocasión vino marcada por la celebración de la fiesta de la Asunción de Nuestra Señora. Las palabras del Arzobispo quedaron marcadas, fueron inolvidables: «Cuando la Virgen cierra el libro de las grandezas internas de la patria abre otro, para los triunfos de España en el Nuevo Mundo».

A continuación, habló de su viaje, elogió el patriotismo de nuestros reyes. De hecho, en la maleta llevaba cartas de ellos, espejo de esa fuente de amor de los soberanos españoles. Manifestó sin ningún tipo de reticencias el itinerario de su viaje, todavía por concretar en su finalidad. Chile y Perú ya estaban concertados. Argentina también pertenecía a la lista, pero Colombia empezaba a requerir atenciones. Poco a poco diferentes estamentos de Burgos fueron manifestando su adhesión con el Arzobispo de la diócesis en ese acto de amor a punto de comenzar. Los discursos del Cardenal Benlloch fueron densos, jamás estuvieron vacíos de contenido.

El 25 de agosto de 1924 dio comienzo el viaje mejor gestado. A las 13:30 de la tarde, el Ayuntamiento de la ciudad pasó por el palacio arzobispal a recoger a este príncipe de la Iglesia y lo llevaron a la estación de ferrocarril. Los andenes estaban llenos de gente. Personas deseosas de lo mejor en este acto pleno de entrega al prójimo, de su arzobispo, Juan Bautista Benlloch y Vivó. No era una despedida fría, forzada… Y eso se palpaba en el aire. Al fin y al cabo, fue la primera vez desde el descubrimiento de América que un cardenal español pisaba esas tierras. No estamos hablando de un viaje relámpago. Juan Bautista llevaba también la tierra en las venas y su labor era pura sembradura.

El Cardenal Benlloch dio orden de exponer al aire la bandera bordada por las Adoratrices de Burgos, pues él, en nombre de España, la iba a ofrendar a América. Un empleado de la ciudad abrió la caja y sacó la bandera mostrándola al público. Las personas estallaron en aplausos. Las palabras de este príncipe de la Iglesia fueron preciosas y clara muestra de la doble cara de este viaje, diplomática y religiosa: «Caballeros militares: Ya han visto Uds. la bandera española que en nombre de la patria voy a ofrecer a las repúblicas sudamericanas. Orgulloso la tremolaré entre aquellas hijas de la vieja España, por la que siempre estoy dispuesto a derramar la última gota de mi sangre, aquí y allá».

Tras acabar de pronunciar estas palabras, hizo su entrada el tren rápido a la estación de Burgos. El Cardenal subió, tras despedirse de toda la comitiva, visiblemente emocionado, y lentamente el ferrocarril se puso en marcha, despacio, parecía no querer salir del territorio burgalés.

Poco a poco fue cogiendo movilidad y, rápidamente, fueron desapareciendo del ángulo de visión del Arzobispo de Burgos la ciudad, la Catedral, el castillo, el monasterio de las Huelgas, los Vallejos y diferentes lugares emblema de la Castilla Vieja.

Inevitablemente, Juan Benlloch se emocionó, vio el periplo como algo del todo indetenible, era muy largo y no había hecho más que comenzar. Se secó las lágrimas plenas de sentimiento y se puso a rezar, pidiendo ayuda a Dios y la Virgen María para la misión que se le había encomendado. Él ni siquiera la había buscado.

Su primera parada fue La Granja de San Idelfonso, con la única intención de visitar a la infanta Isabel. Ella ya había estado en Argentina tiempo atrás y era su deseo escucharla. Probablemente serían de extremo interés las aportaciones dadas por este miembro de la familia real.

Después partió hacia su tierra, su amada Valencia. El Cardenal Benlloch gozaba de extrema popularidad en su ciudad natal. El desfile de amigos, conocidos y familia era interminable en cada una de sus apariciones valencianas y, al mismo tiempo, él hacía visitas a la gente oportuna. No perdía ocasión de pisar ese huerto alegre cuajado de flores, propiedad de mi tatarabuelo y su hermano. Él había llegado a estudiar en esa vega hermosa, acariciada por el río Turia. Y, si era posible, degustaba alguna paella en Casa Clemencia. Un descendiente de su padre estaba casado con una señora perteneciente a dicha alquería, Casa Clemencia, la familia de mi abuelo. Allí fueron felices, preparando para él ese manjar paradigma de la tierra valenciana, pues simplemente por un motivo de tiempo y lejanía iba a tardar en volver a degustarlo.

Unas jornadas perfectamente tachables de maratonianas, en las que en ningún momento dio muestras de cansancio alguno. Su actitud fue constante. La única pretensión por parte de nuestro querido purpurado valenciano en todos los actos religiosos, muchos y solemnísimos, fue ser transparente en su alma de apóstol. La prensa valenciana se pronunció diciendo:

No sabemos si nuestra ciudad se ha dado cuenta de la importancia que reviste esta doble misión del Pontífice Pío XI y del Rey, Alfonso XIII, de que va investido el Cardenal Benlloch y de la honra que ella recibe por ser hijo suyo el designado para desempeñarla.

Valencia tributó a su Cardenal una despedida indescriptible, con continuos agasajos y muestras de orgullo, además de afecto. Estas palabras de Juan Bautista Benlloch y Vivó se convirtieron en un verdadero estribillo, el cual pronunciaba incluso con el mismo son, reflectante de autoestima y pasión:

> *En el viaje me acompañan las garantías de la bendición del papa Pío XI, la protección de los Reyes de España, don Alfonso XIII y doña Victoria Eugenia, pues llevo cartas autógrafas del soberano para todos los jefes de Estado, la aprobación del Gobierno de la nación y el aplauso enardecido no solo de la España católica, sino de la España patriota, heredera del espíritu del siglo de los descubrimientos, civilizadora del nuevo mundo.*

El día 4 de septiembre, antes de embarcar, el Cardenal Benlloch celebró misa en el altar de la Virgen de los Desamparados, su amada advocación. Numerosos fieles asistieron a ella. Por la tarde, a las seis, estuvieron allí de nuevo. Este hijo de la tierra precisaba en su corazón despedirse de la Madre. Con los acordes de la *Marcha real* entró en la Real Capilla, siendo recibido por el capellán don José Soler, la junta de la cofradía, la camarera y autoridades diversas. Al salir subió al coche y cogieron rumbo al puerto, pues había de embarcar.

A las nueve y media de la noche empezaron a encenderse las luces de posición del transatlántico Reina Victoria Eugenia, y a las doce y media levaba anclas para, veinte minutos más tarde, cruzar la bocana del puerto entre aclamaciones de la multitud.

En la bella Cádiz hizo una parada, donde también recibió distinciones y cenó con las autoridades. El barco volvió a partir, abandonó la península, esta vez camino a Santa Cruz de Tenerife. Allí los homenajes rebosaron los cálculos previstos. El 10 de septiembre, más o menos a la una y media de la tarde, llegó a ese vergel de islas. Aparecieron para recibirlo numerosas autoridades, una comisión del cabildo de la Catedral, aparte de un gran número de militares civiles y eclesiásticos, además de una nutrida representación popular, quienes aguardaron en el muelle su desembarque.

El secretario particular del Cardenal, D. Carmelo Blay, y su camarero secreto, su primo hermano José Vivó, lo acompañaron hasta América y desembarcaron con él. Autorizaron al duque de Santa Elena presidir la comitiva que le rendía honores. Este formó en el muelle una compañía de infantería con bandera y banda de música.

En el palacio municipal fue recibido por el alcalde y algunos concejales, y allí agradeció la cordial acogida: «Estoy verdaderamente encantado de estas islas que, por ser tan bellas, tienen tantos enamorados. Pero cuenta que yo, como español y primer cardenal que pisa esta tierra, vengo a posesionarme de ella como de una herencia legítima de nuestros antepasados».

Añadió, además, ser conocedor de los lazos de afecto, nudo fuertemente atado entre Tenerife y Chile, y les hizo saber su intención de transmitir a los chilenos un efusivo saludo de los habitantes de la isla. En la Catedral de La Laguna, esa preciosa localidad tinerfeña, entre numeroso gentío se entonó un Te Deum, tras todo lo cual, en medio de un expectante silencio, el Arzobispo de Burgos dirigió la palabra a la muchedumbre aglutinada en el templo. Por supuesto, oró arrodillado, delante del Santísimo Cristo de La Laguna.

Tras agradecer las continuas muestras de cariño dispensadas por los tinerfeños, se despidió de ellos, dejando muy claro cuál era la siguiente parada del trayecto y pidiendo que rezaran por él, pues sus oraciones lo ayudarían a cumplir la misión encomendada.

El itinerario del viaje estaba marcado: primero, Buenos Aires, donde se hospedó en el palacio arzobispal; luego siguió el viaje a Chile, donde cumplió con su misión, y después Perú y Colombia, para finalizar en Cuba. De allí regresó directamente a España. El viaje tendría una duración de tres o cuatro meses.

En todo momento mantuvo a la archidiócesis de Burgos informada de cómo transcurría el trayecto, enviando telegramas, y en todos ellos bendijo a su amada diócesis.

De hecho, desde la cumbre de los Andes, tiene un recuerdo tan apasionado como melancólico hacia los reyes de España y los españoles. Tal vez, la melancolía le ganó la batalla, y en la lejanía sintió todavía más los afectos de tantas gentes, quienes lo habían querido y valorado al extremo.

Agradeció las innumerables atenciones del Gobierno de la República Argentina. Ellos habían sufragado los gastos de la estancia del Cardenal Benlloch y sus acompañantes, cuestiones también como la lujosa rehabilitación del palacio arzobispal o el tren especial, utilizado por el ministro de Obras Públicas cuando emprendía un viaje.

La entrada en Chile de este príncipe de la Iglesia fue narrada por la prensa con crónicas como esta:

> *Ha sido verdaderamente triunfal, se le tributaron honores militares y fue constantemente aclamado por la multitud, que puso de manifiesto el cariño que en estas tierras se siente por España.*

Había llegado a otro punto culminante del trayecto, pues, en puridad, fue la causa del mismo: ¡Chile! Al llegar a Santiago de Chile, el pueblo y las autoridades diversas lo esperaban en el andén del tren, plenos de alegría.

Inmediatamente se organizó una comitiva. En coche de gala, el Cardenal con el ministro de Asuntos Exteriores como representante del presidente de la República, detrás el ministro de España, Almeida, y como acompañantes, multitud de carrozas, ocupadas por diferentes ministros chilenos.

El público, a su paso, vitoreaba la religión, España y el Papa. El ritmo de los actos fue tremendo. Juan Bautista Benlloch agradeció muy cordialmente tanto afecto y amor a Cristo, a las asociaciones de juventud católica y a todos los organizadores de las celebraciones religiosas. Una solemne procesión, encabezada por el Cardenal, por las principales calles de la ciudad, donde se vio cobijado por innumerables banderitas de España y Chile, le puso un nudo en la garganta provocado por tanto amor.

El acto celebrado en la Basílica de la Merced fue protocolario, ceremonioso y extremadamente solemne. El gran coro entonó *Ecce sacerdos magnus* mientras el Cardenal avanzaba hacia el altar mayor. El templo estaba repleto. Como se dice de manera coloquial, no cabía un alma. Acudieron los ministros del Estado, el ministro de España, el cuerpo diplomático… Su eminencia ofició misa, asistido por cuatro obispos, seis canónigos y numerosos sacerdotes. En el momento de la elevación de la sagrada forma y del cáliz, sonaron las trompetas de plata, como acontecía entonces en San Pedro de Roma.

Terminada la ceremonia, el purpurado se dirigió al convento de las Mercedes. Allí recibió el saludo de las madrinas y un valioso obsequio. Diferentes crónicas de distintos rotativos llegan en su fondo a las mismas conclusiones: las misiones del Cardenal Benlloch, tanto en Chile como en otras repúblicas, excedían los límites de una mera visita religiosa o de la elevación de la iglesia de los mercedarios a basílica.

En resumen, Argentina, Chile, Perú, Ecuador, Colombia y Cuba fueron parte activa en ese acercamiento entre España e Hispanoamérica. Allí desembocó la necesidad de ayudar a los demás y expandir la palabra de Cristo con el orgullo de provocar un acercamiento diplomático, desde el más puro punto de vista político, historia, cultura, un lenguaje común… El purpurado pudo certificar la persistencia de la unidad de sentimientos de los antiguos dominios españoles con la madre patria, y así pudo declarar a su vuelta que: «La leyenda negra vive más en el interior que en el exterior».

Después de cruzar el canal de Panamá y hacer una escala en Cuba, el viaje de retorno lo hacen en el Manuel Arnús. Era un trayecto lento y difícil, casi con total seguridad, pero esto no viene recogido en ningún momento. Para llegar a esas conclusiones me amparo en el saber de un buen amigo mío, capitán de navío.

El barco llegó a la península, y la alegría robó el corazón de nuestro querido cardenal arzobispo de Burgos, Juan Bautista Benlloch y Vivó. En el muelle se agolpaban los gaditanos ofreciéndole un gran recibimiento, orgullosos de él por la labor realizada.

El rey Alfonso XIII siempre se interesó por los oficios de su buen amigo en esas lejanas tierras. Incluso le remitió un telegrama:

Recibe un abrazo por adelantado al llegar a tierra española.
Agradezco la labor llevada a cabo en tu viaje. Alfonso.

ABC, *El Debate*, *El Universo* y *Diario de Burgos* son solo algunos de los diarios que se hicieron eco de los avatares y éxitos del viaje cardenalicio a América. Una información constante proveniente de diferentes periódicos y revistas españolas.

Valencia fue su siguiente parada. Juan Bautista era un hombre tremendamente emotivo y, tras todo lo vivido, precisaba pisar su tierra natal, rezar ante su amada advocación de la Virgen de los Desamparados y hablar con buenos amigos como el Cardenal Reig.

Repitió a la vuelta el trayecto de ida, pero, lógicamente, a la inversa, y su siguiente parada estuvo en la capital de España, Madrid. Las autoridades le prepararon un recibimiento oficial, en el cual testimoniaron su respeto y gratitud al insigne purpurado por la misión acabada de realizar, impulsado por un acertado y nobilísimo sentimiento patriótico, con fe y esperanza en la madre España.

El 16 de enero, a las cinco y cuarto de la tarde, hizo su entrada triunfal en Burgos. Todo el comercio de la ciudad cerró sus puertas para dar mayor realce al acontecimiento. No se recuerda jamás en esas tierras ver tanta gente en los andenes de la estación. Los burgaleses estaban dominados por la emoción de sus corazones.

Al entrar el ferrocarril, una oleada de amor conmovió a la multitud. Era un hombre muy querido en su archidiócesis y así lo ratificaron los actos de sus fieles en su recepción.

Diferentes sacerdotes lo acompañaron en su vuelta a casa. El Cardenal ocupó el coche del alcalde sintiendo los vítores del pueblo y escuchando el alegre redoblar de las campanas de la Catedral. Allí se dirigían, y al llegar el Arzobispo entró bajo palio, siendo recibido por el cabildo catedralicio. Acto seguido, muy emocionado se dirigió al altar mayor y ocupó la sede arzobispal.

El máximo responsable dirigió la palabra a su diócesis. La Catedral estaba llena en su aforo, mientras él explicaba detalladamente su viaje triunfal por América. En ese momento hizo saber la compañía constante de Santa María la Mayor, pues la llevaba en su pecho, y esas palabras conmovieron a la gente. De hecho, tras la bendición intentaron como locos acercarse a besar su anillo. Al entrar en el palacio arzobispal, los seminaristas interpretaron el himno de Valencia y se disparó una traca valenciana. Todo esto rindiendo honores a este príncipe de la Iglesia, para quien siempre estaba en su corazón Valencia.

El Cardenal deseaba informar personalmente al Romano Pontífice del florecimiento de la Iglesia en las repúblicas visitadas, del estado de las misiones católicas, de las relaciones entre los Estados, mutuas y recíprocas en muchos casos. No olvidemos algo: Roma y el papa Pío XI le habían encomendado esta misión y debía retornar a sus brazos, agradeciendo los lazos forjados entre el Cardenal Juan Bautista Benlloch y Vivó e Hispanoamérica.

La historia lo explica detalladamente: la entrevista entre el Papa y el Cardenal duró hora y media aproximadamente. Ambos conversaron largamente sobre los beneficios logrados para la religión y otros temas relativos a las misiones y convivencia entre las gentes. El Arzobispo de Burgos regresó de Roma por París, allí impartió una importante conferencia, atendiendo a la Juventud Católica de Hispanoamérica.

A su regreso a su tierra natal, quiso conceder su primera entrevista a *El Debate*. «Entre efusiones afectuosas y confidencias de padre a hijo nos va contando episodios y detalles interesantísimos de su viaje triunfal por "nuestras Américas"», relataba el periodista Manuel Graña sobre su encuentro con el purpurado.

«Conviene que los periódicos católicos den la debida importancia a este aspecto espiritual de mi viaje», comentó el Cardenal Benlloch, pues con él se iniciaba el trabajo más íntimo y fundamental de la aproximación hispanoamericana.

A pesar de que «todos los valores españoles se han gastado en América», indicó el purpurado, había dos valores que permanecían: la religión y el idioma. «Conservar allí nuestra fe y los valores morales en ella contenidos es conservar lo mejor de España, que es también lo mejor de América».

Dos años después, el Cardenal Juan Bautista Benlloch y Vivó respondió a la llamada definitiva de Cristo.

XIII

El Cardenal Juan Bautista Benlloch y Vivó responde a la llamada de Cristo

La diabetes es una enfermedad tremendamente dura y corrosiva. Al regresar a Burgos el 16 de enero de 1924, empezó a encontrarse mal, se sentía débil, era poco su dinamismo, no tenía ganas de actividad alguna. Comenzó a perder peso, lo cual no tenía ningún sentido, pues, de vez en cuando, el decir la palabra *hambre* se quedaba corto; estaba realmente famélico. La debilidad, conforme pasaban los días, iba creciendo. En otro orden de cosas, su degeneración física iba con el tiempo a más. Ese hombre alto, fornido y corpulento fue perdiendo complexión corporal, e incluso las arrugas se hicieron imperantes en su rostro y sus manos.

La sed reinaba en su organismo. Bebía constantemente, como si estuviera deshidratado; en consecuencia, orinaba también con mucha frecuencia. Sus visitas al baño llegaron a ser un problema, pues, en ocasiones, le costaba incluso acabar una celebración. Todo lo anteriormente enumerado llevó al cabildo catedralicio a aconsejar la visita de un médico al Arzobispo de la diócesis.

El facultativo nombrado, tras repasar todos los datos y medir sus constantes, diagnosticó una diabetes. La insulina se había descubierto en el año 1924, todavía estaba en fase experimental; debido a lo cual, el tratamiento se basó en cuidarse y una dieta extremadamente rigurosa. No debemos olvidar algo, en el viaje a Hispanoamérica lo cubrieron de banquetes y comidas típicas de diferentes lugares del mundo, y eso es venenoso para quien adolece de diabetes. Era necesario tomar medidas estrictas.

A lo largo de 1925, apenas tuvo actos públicos, eran esparcidos lo más posible en el tiempo. El estado de salud del Cardenal no era público, pero las apariciones del Arzobispo de Burgos eran cada vez menos frecuentes.

Una de ellas fue en su amada Valencia, la última vez que pisó su tierra natal. Allí coronó al Cristo de Paterna el 21 de febrero del año 1925. Juan Bautista amaba la cuna, y no perdía oportunidad de pisar la tierra valenciana. Pero esta vez fue extremadamente diferente, se extendió mucho menos en su discurso, su deseo fue salir de incógnito de Paterna, aunque no pudo, pues era muy querido y conocido.

Incluso en el trayecto de vuelta todo fue muy distinto a otros, estaba deprimido. Hizo un viaje tremendamente introspectivo, observó los signos de un otoño nuevo, se hundió en esos cielos azules, en las hojas amarillas de los árboles. El tren rápido se iba alejando de las fértiles tierras de la huerta valenciana, y eso lo hundió en la pena, en un sentimiento casi calificable de premonitorio. Estaba agotado, y su carácter, en ocasiones, era tremendamente arisco. Él mismo se sorprendía de sus propias reacciones al volver la vista atrás en algunas ocasiones.

En el tiempo de Adviento del año 1925, escribe su última carta pastoral. En ella, su actitud literaria es completamente distinta. Indudablemente, algo ha cambiado. El título de la misma es «Economía cristiana». Eso es el pretexto del cual se vale para contraponer ambas economías, la cristiana y la mundana. Era un documento visiblemente más peleón. Sin lugar a dudas, la diabetes se estaba abriendo camino en el cuerpo de nuestro insigne protagonista.

El Cardenal Benlloch mantenía una cercana y profunda amistad con la Casa Real española. En la ciudad de Málaga, iba a inaugurarse el hotel Príncipe de Asturias, y los reyes de España lo invitaron al evento. Deseaban ardientemente su bendición en el acto, además de poder gozar de su compañía.

El Arzobispo de Burgos viajó a Madrid, no se sentía bien, por lo cual requirió la compañía de su médico de cabecera. A pesar de todo, ni él mismo era consciente de las graves patologías de las cuales adolecía. Deseaba complacer a Sus Majestades en sus deseos y, a pesar de su estado de salud nada satisfactorio, llegó a la capital del país el 7 de febrero de 1926, en el rápido de la noche.

Se alojaron en casa de una dama de la nobleza, la viuda de Gallego, sita en el paseo de Atocha. Una otitis agudizada por una bronquitis previa llevó a llamar, ante su agravamiento, al médico de la familia, el Dr. Moreno Zancudo, quien acudió a la visita con el Dr. Tapia. En principio, ninguno de los dos facultativos consideró el caso de extrema gravedad, la enfermedad siguió su curso, pero ante el discurrir de los acontecimientos la preocupación de todos sus acompañantes fue creciendo.

Hasta el día 12 de febrero. Esa jornada experimentó una notable mejoría y estuvo mucho más animado. El 13 de febrero volvió a caer, poco a poco se fue agravando. El rey Alfonso XIII mandó a sus médicos a visitar al prelado. Eran buenos amigos y deseaba firmemente su recuperación.

Al llegar allí, tras practicarle las oportunas pruebas, los doctores se percataron de algo: sin lugar a dudas, la diabetes se lo estaba comiendo por dentro. El páncreas fallaba, ante lo cual digería las grasas almacenadas en el cuerpo. La enfermedad también se nutría de los músculos, lo cual explicaba esa fuerte degeneración física.

Por primera vez se le inyectó insulina, pero los resultados no consiguieron lo deseado. Poco a poco fue perdiendo fuerza, incluso delirando en ocasiones.

Al día siguiente, cuando entraron los doctores, un fuerte olor a manzana asada invadía toda la habitación. La falta de insulina era muy grande, signo de estar alcanzando el final del viaje. Entre ellos la mirada era delatora de malas noticias. Ese olor se produce por la eliminación, a través de los pulmones, de sustancias determinadas. En pocas horas entró en coma, respondió a la llamada de Cristo y marchó a su lado.

La mañana anterior a producirse su partida, el padre Silverio, confesor de nuestro querido Cardenal Benlloch, fue a Madrid, se requirió su presencia. La asistencia espiritual era del todo precisa ante el viaje que estaba a punto de emprender nuestro querido purpurado. Este salió para la corte desde Burgos en el tren rápido.

A pesar del pesimismo imperante entre quienes lo acompañaban, las noticias no circularon por el mundo. Tan solo en Burgos la ansiedad reinaba ante la incertidumbre imperante en la Vieja Castilla. D. Gerardo San Martín fue el encargado de llevar los ornamentos morados para amortajar al Cardenal en Madrid, y así lo hizo, acompañado por el canónigo Torre Garrido.

El obispo auxiliar fue notificado del grave estado de salud de este príncipe de la Iglesia. El 14 de febrero, a las 15:30, nuestro amado protagonista durmió tranquilo y la Virgen de los Desamparados lo cubrió con su manto, acogiéndolo en el cielo.

La triste noticia brotó primero de informaciones particulares. En Valencia, los primeros en ser notificados fueron los barones de Patraix. El padre del Arzobispo de Burgos descendía de esa zona valenciana y, en consecuencia, estaba muy ligado a la misma.

En Madrid, numerosas personalidades del Gobierno, de la nunciatura, de la milicia, de los grandes de España, del episcopado se aprestaron a visitar la capilla ardiente instalada en la casa mortuoria.

Al llegar la triste nueva a oídos de la familia real, un ayudante de S. M. el Rey presto dio el pésame a la familia en nombre de Sus Majestades. El Gobierno transmitió su pesar por medio del ministro de Gracia y Justicia.

De la misma manera, dieron el pésame el ministro de Estado y, por ende, vía telegráfica, el presidente de la República de Chile.

En Burgos, el cabildo catedralicio recibió a las seis y media de la tarde la comunicación de su fallecimiento. Monseñor Benlloch había ordenado, antes de marchar a Madrid, la celebración del triduo de desagravio al Santísimo Sacramento. Terminado este, un señor capitular se dirigió a los fieles, diciendo: «Tengo que daros una dolorosa noticia: ¡el Emmo. Sr. Cardenal Benlloch ha muerto!».

Burgos entera estalló en lágrimas y pena. Todo esto causó una grandísima impresión. El cabildo se reunió inmediatamente y designó a los canónigos Emilio Rodero y Rafael Mur. Ambos salieron esa misma noche para Madrid.

La ciudad estalló en muestras de cariño, cada rincón de la diócesis lloraba la pérdida de su arzobispo. Un baile preparado para esos días se suspendió de inmediato y, de la misma manera, la función lista para escenificar en el Coliseo de Castilla. ¡Estaban de luto! Por el palacio arzobispal pasaban cientos de personas, quienes firmaban en el libro mostrando sus condolencias y dejaban su tarjeta.

En el ayuntamiento, la diputación y el palacio arzobispal, la bandera ondeaba a media asta en señal de duelo; era muy grande la pérdida. El Arzobispo de Burgos fue muy querido en su archidiócesis. En consecuencia, tuvo lugar todo tipo de actos, expresiones del «jamás lo olvidaremos», de pena, de duelo… La Casa Espiga, fotógrafo oficial del palacio, expuso en el comercio de Jacinto Martínez un magnífico retrato ampliación del cardenal orlado de negros crespones.

El Ayuntamiento de Burgos convocó una sesión extraordinaria. El alcalde de la ciudad, Sr. Amézaga, pronunció unas sentidas palabras, reflejo de la pena sita en el corazón de todos los burgaleses. Además, hizo referencia a la necesidad imperante, en los corazones de todos los fieles, de rendir homenaje y un solemne tributo a quien había sido el máximo mandatario de la diócesis. ¡La pérdida sufrida era muy grande!

Nombró una comisión con un único objetivo: marchar a Madrid y llevar el último beso de Burgos a su prelado. Ellos lloraron y velaron su cadáver, junto a parte de la familia del Cardenal y amigos de todo el mundo, quienes volaron a decirle adiós en la tierra. Fue un gran hombre y siempre viviría en sus corazones.

En Burgos desconocían dónde deseaba ser enterrado el Cardenal. Ante todo lo cual marcharon a Madrid los comisionados del Ayuntamiento y los representantes de la Diputación, pues deseaban estar en las honras fúnebres proferidas en la capital.

Una llamada los sacó del pozo de errores en el cual estaban inmersos. En ella, el secretario les informó de las intenciones de embalsamar el cadáver para llegar la noche siguiente a Burgos. Ese era el deseo de Juan Bautista Benlloch y Vivó.

El traslado lo presidió el Infante D. Fernando en representación del Rey. La segunda presidencia la formaron el nuncio, el obispo de Madrid-Alcalá y, cómo no, el Cardenal Reig, primado de Toledo, y el Arzobispo de su tierra natal, Valencia, D. Prudencio Melo y Alcalde.

A las once y media se organizó el traslado a la estación del Norte. Daban guardia de honor dos secciones del Regimiento de Saboya, con banda, bandera arrollada y música. El féretro fue colocado en el armón de una pieza ligera, y la comitiva se puso en marcha. La duración del cortejo fúnebre fue de horas.

Al llegar los restos del Cardenal Benlloch a la ciudad de Burgos, en los andenes de la estación no podía caber más gente, pero, lógicamente, no como en otras ocasiones, plenas de alegría y júbilo. Esta vez las lágrimas inundaron la estación de tren, la pena era muy grande.

El cortejo fúnebre se puso en marcha, acompañado por los redobles de los tambores de una compañía de San Marcial. Depositaron el féretro en la capilla del Carmen. Las primeras preces ofrecidas en Burgos por el alma de su Arzobispo se rezaron allí. Los sonidos lúgubres de las campanas de la ciudad transmitían al aire del secano la pena tan grande, volando entre los fieles burgaleses. Posteriormente, el cadáver fue trasladado a la capilla de Santa Tecla, en la Catedral.

Ofició el pontifical el valenciano doctor Reig, cardenal primado, y un coro de más de ochenta voces interpretó el *Réquiem* de Perosi, acompañado al órgano por D. Emilio Rayón. El oficiante y el finado eran muy buenos amigos. Para el primado

Reig fue profundamente emotivo, pues su corazón estallaba de emoción. Antes del traslado a la capilla de Santa Tecla, pronunció estas palabras:

Pero ¿ha muerto nuestro Cardenal? ¿Ha muerto el Cardenal Benlloch? Todavía ni el plañir de las campanas, ni el fulgor melancólico de esos blandones, ni los sordos estampidos de la pólvora, ¡qué digo!, ni aún ese féretro acaban de convencerme. Esperando estoy que se abran las anchas puertas de esta basílica, para verlo entrar aquí, entre murmullos y remolinos de gente, sonriente y simpático cual solía…

Allí fue inhumado temporalmente su cuerpo. Años después, siguiendo firmemente sus deseos, conforme lo dispuesto en su testamento, el 3 de mayo de 1931 sus restos fueron trasladados a la Real Basílica de Nuestra Señora de los Desamparados de Valencia, y allí, ante el altar mayor, a los pies de su amada Virgen de los Desamparados, descansa en paz.

Juan Bautista Benlloch profería un gran cariño a su tierra y sus gentes. Los lazos afectivos eran lógicos, y explicaban perfectamente su decisión. Deseaba descansar al amparo de su amada advocación de la Virgen, el recuerdo de sus paisanos, y así lo expresa la inscripción grabada sobre su lauda sepulcral.

Además, no es algo simplemente poético decir que Juan Benlloch fue una flor brotada en la España de las flores, esta Valencia de mil colores. Flores que llevaba en las venas, pues sin ningún tipo de prejuicios, cuando debió ayudar a mi tatarabuelo y a su hermano a cultivarlas, lo hizo.

Valencia entera lo recibió y asistió al sepelio. Esta hermosa ciudad lloró su pérdida de nuevo y, entre lágrimas de orgullo, lo recibió para siempre. Las celebraciones fueron presididas por altos cargos de la Iglesia valenciana, acompañados de los hermanos del Cardenal, Regina y José, monja y sacerdote respectivamente, pertenecientes a la diócesis valentina. Mi tatarabuelo y su hermano, quien había sido su camarero secreto, elaboraron un centro de flores maravilloso, mostrando al mundo su enorgullecimiento por la labor de su familiar. El Cardenal Juan Bautista Benlloch y Vivó amó al prójimo como a sí mismo.

Soy una mujer joven todavía, tengo cincuenta y un años, y con mi narrativa, mi intención más sublime es dar a conocer la labor de Juan Bautista Benlloch y Vivó, cardenal arzobispo de Burgos. ¡Un valenciano universal!

Índice

Bibliografía

CÁRCEL ORTÍ, V. *Historia de la Iglesia en Valencia, Arzobispado de Valencia,* vol. II, 764-765, Valencia, 1986.

«Los últimos obispos de la Monarquía (1922-1931). Primera parte. Cuestiones generales y nombramientos conflictivos», *Analecta Sacra Tarraconensia: Revista de Ciències Historicoeclesiàstiques,* 83 (2012), 31-48.

Obispos y sacerdotes valencianos de los siglos XIX y XX. Diccionario histórico. Edicep, Valencia, 2010.

ORTEGA GUTIÉRREZ, D. *El Cardenal Benlloch y Vivó (1864-1926). Arzobispo del VII Centenario de la catedral de Burgos e impulsor del Seminario Nacional de Misiones,* Fundación VII Centenario de la Catedral, Burgos, 2021.

SANCHÍS SIVERA, J. *Crónica de las solemnes fiestas celebradas en Valencia con motivo de la coronación pontificia de la imagen de Nuestra Señora de los Desamparados. Mayo 1923,* Imprenta Hijo F. Vives Mora, Valencia, 1923.